ADAC

Kos

von Elisabeth und Thomas Jastram

10 **ADAC Top Tipps**

Das müssen Sie gesehen haben! Die zehn Top Tipps bringen Sie zu den absoluten Highlights.

25 **ADAC Empfehlungen**

Unterwegs gut beraten: Diese 25 ausgesuchten Empfehlungen machen Ihren Urlaub perfekt.

Preise für ein DZ mit Frühstück:
€ | bis 70 €
€€ | bis 140 €
€€€ | ab 140 €

Preise für ein Hauptgericht:
€ | bis 10 €
€€ | bis 20 €
€€€ | ab 20 €

Intro

ADAC Quickfinder

Hier finden Sie die Orte, Sehenswürdigkeiten und Attraktionen, die perfekt zu Ihnen passen.

Unterwegs

9

13

Service

Zu diesen Orten und Sehenswürdigkeiten finden Sie Detailkarten im Innenteil des Reiseführers.

Umschlag:

ADAC Top Tipps: Vordere Umschlagklappe, innen 1
ADAC Empfehlungen: Hintere Umschlagklappe, innen 2

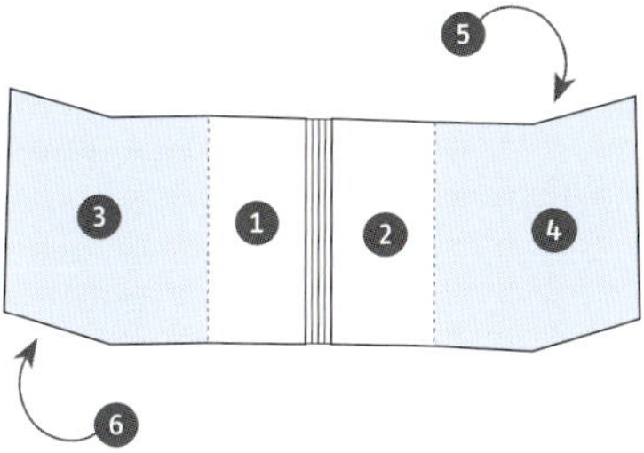

Übersichtskarte Kos-Nord: Vordere Umschlagklappe, innen 3
Übersichtskarte Kos-Süd: Hintere Umschlagklappe, innen 4
Stadtplan Kos-Stadt: Hintere Umschlagklappe, außen 5
Ein Tag in Kos-Stadt: Vordere Umschlagklappe, außen 6

Kompakte Badeinsel für Griechenland-Entdecker

Der Geburtsort von Hippokrátes zeigt sich als echter Alleskönner und glänzt mit kilometerlangen Sandstränden

Der Traumstrand Kavo Paradiso am Südwest-Kap verspricht ungetrübte Badefreuden

Über eine Million Urlauber sind jährlich reif für die griechische Insel. Kos ist zu Recht eine der beliebtesten Eilande in der Ägäis, bietet sie doch eine zuverlässige touristische Infrastruktur und einen idealen Einstieg für Griechenland-Neulinge. Gerade einmal 42 km misst Kos in der Länge, ein Insel-Highway verbindet den Osten mit dem Westen. Kos ist so überschaubar, dass man die Insel an nur einem Tag mit dem Mietwagen abfahren kann. Dennoch reicht das kaum aus, um all die traumhaften Strände und einsamen Buchten, urigen Bergdörfer und historischen Schätze zu erkunden. Immer in Verbindung mit Kos wird der berühmte Arzt Hippokrates gebracht. Der Begründer der modernen Medizin wurde um 460 v. Chr. auf der Insel geboren. Ihm zu Ehren hat man auch das Heiligtum

Asklepieion erbaut. Das antike Krankenhaus und Kurzentrum ist heute die bedeutendste archäologische Stätte der Insel.

Ein überraschend vielfältiges Urlaubsziel

Kos als Schatzkiste in der Ägäis ist so vielfältig, dass die Insel für jeden Ur-

laubstyp etwas zu bieten hat. Familien zieht es an die Nordküste mit ihren flach abfallenden Sandstränden, Ruhesuchende fliehen in die ursprünglichen Bergdörfer, Individualisten erkunden die reizvolle Halbinsel Kéfalos, Aktivurlauber erfreuen sich an gut ausgebauten Radwegen und einsamen Wanderpfaden. An den lebhaften Küstenorten rund um Lambí, Tigáki, Marmári und Kardámena bleibt im Hochsommer kaum eine Strandliege ungenutzt, und dank des Meltémi-Windes lässt es sich selbst bei Gluthitze aushalten. Den kühlenden Sommerwind machen sich auch Wassersportler zunutze, die auf Kos perfekte Bedingungen vorfinden. Wenn zwischen Juni und September der Himmel meist wolkenlos ist und das Thermometer die 37 Grad Marke knackt, laden gemütliche Strandbars wie das Tam Tam bei Mastichári oder die Mylos Beach Bar in Lambí zu einem kühlen Drink ein. Die Nacht zum Tag machen kann man dagegen auf der quirligen Barmeile in Kos-Stadt oder in Kardámena.

Funde im Archäologischen Museum von Kos-Stadt (unten) – Ikonostase im Kloster Ágios Ioánnis Thymianos (ganz unten)

Wie eine Mondlandschaft mutet der Stéfanos Krater auf der Nachbarinsel Nísyros an (oben) – Kos ist ein Hotspot für Windsurfer (links) – Stolzer Bewohner des Pfauenwäldchens Pláka (unten)

Auf der Suche nach dem ursprünglichen Kos

Wer dem Touristentrubel in den Küstenorten überdrüssig ist, flüchtet in die bewaldete Bergregion des Díkeos. Inmitten von duftenden Nadelwäldern verstecken sich urige Bergdörfer mit alten Steinhäusern und kleinen Kapellen. In den Tavernen schmeckt es dank traditioneller griechischer Küche noch wie bei Muttern. Während man im Geisterdorf Ágios Dimítrios seinen Frappé in völliger Einsamkeit genießen kann, ist ein paar Kilometer weiter in Ziá die Souvenirmeile bereits zum Mittag proppenvoll. Das Ausflugsdorf ist ein Touristenmagnet auf Kos, und das nicht ohne Grund, erlebt man hier einen der spektakulärsten Sonnenuntergänge der Insel. Wer dieses Naturschauspiel ganz ungestört genießen möchte, schaut in Paléo Pylí vorbei. Die alte Burgruine steht heute verlassen auf einem Bergvorsprung inmitten üppiger Natur. Den grandiosen Ausblick an diesem romantischen Ort hat man oft ganz für sich allein. Da bietet es sich doch an, vorab noch einen edlen Tropfen von einem der Weingüter auf Kos zu besorgen. Im Zentrum der Insel ist das Wäldchen Pláka ein echtes Highlight für Tierliebhaber. Zahlreiche Pfauen und Katzen haben in dem kühlen Kiefernwald ihr Zuhause und locken neugierige Besucher an. Der Westen von Kos bietet noch mehr Naturschätze mit vielversprechenden Namen: Magic Beach, Sunny Beach oder Paradise Beach, allesamt Traumstrände entlang des Isthmus von Kéfalos mit feinem Sand und türkisblauem Wasser. Kos beweist sich an dieser Stelle einmal mehr als echtes Badeparadies. An über acht Stränden weht die Blaue Flagge für hervorragende Badewasser-Qualität. Direkt hinter dem Isthmus erstreckt sich die malerische Bucht von Kéfalos mit der Insel Kastrí, dem Postkartenmotiv von Kos. Im Hinterland von Kéfalos scheinen die Uhren stehen geblieben zu sein. Rund um Ágios Theológos und dem Südwest-Kap findet man sich in einer menschenleeren Gegend wieder. Entlang der Berghänge blühen violette Thymianbüsche, und von weit her hört man die Glocken der Ziegenherden. Mitten in der unberührten Landschaft stehen windumtost blau-weiße Kapellen. Einsame Buchten und abgelegene Strände, wie den Kavo Paradiso, erreicht man nur über Schotterpisten. Kéfalos ist ein Hauch Griechenland in seinen Ursprüngen auf dem sonst so touristischen Eiland.

Abenteuer Inselhüpfen

Kos-Stadt im Osten zeigt sich dagegen lebendig und vielseitig. In der Inselhauptstadt wechseln sich moderne Betonbauten mit der Architektur der ehemaligen osmanischen und italienischen Besatzer ab. Inmitten dieses

White Stairs of Kos: Die pittoreske Gasse ist ein beliebtes Fotomotiv in Kos-Stadt

kulturellen Schmelztiegels entdeckt man geschäftige Einkaufsgassen, gemütliche Cafés und archäologische Schätze. Am Hafen von Kos startet schon das nächste Abenteuer. Hier setzt man auf die ursprünglichen Nachbarinseln über, die alle zur Inselgruppe des Dodekánes gehören. Kos ist

» *Die wirksamste Medizin ist die natürliche Heilkraft, die im Inneren eines jeden von uns liegt.* «

Hippokrates von Kos
(um 460 v. Chr.–370 v. Chr.)

die drittgrößte Insel des Archipels und ein idealer Ausgangspunkt für ein Inselhüpfen. Kálymnos, Léros, Pátmos und Lipsí, so verschieden diese Eilande alle klingen, haben sie doch eines gemeinsam: Sie sind wunderschön und vom Massentourismus bisher noch völlig unberührt. Einen ersten Vorgeschmack gibt es auf dem Nachbareiland Nísyros. Die kleine Insel im Süden von Kos ist ein aktiver Vulkan, in dessen Krater man sogar hinabsteigen kann. Die Bergdörfer von Nísyros und der Hafenort Mandráki verzaubern mit ihren weißen Zuckerwürfel-Häusern und bunten Holzbalkonen. Griechenland wie aus dem Bilderbuch, nicht ohne Grund kehrt so mancher auf Nísyros für mehr als einen Tagesausflug zurück.

Ein starkes Volk, das nicht aufgibt

Die Insel Kos war schon immer ein Spielball von Großmächten. Nach jahr-

Blickpunkt der malerischen Kéfalos-Bucht ist das felsige Eiland Kastri

hundertelanger Besatzung durch die Byzantiner, Johanniter, Osmanen und Italiener erlangten Kos und der gesamte Dodekánes erst im Jahre 1948 ihre volle Unabhängigkeit und wurden mit Griechenland vereinigt. In jüngster Zeit kämpft die Insel mit neuen Herausforderungen. Finanzkrise, Flüchtlingsstrom und das Erdbeben 2017 sorgten für einen Einbruch des Tourismus auf Kos, der sich nun langsam wieder erholt. Als Urlauber spürt man von den jüngsten Ereignissen kaum noch etwas. Die Koer haben gelernt, nach einer Krise immer wieder aufzustehen, sie sind ein stolzes und liebenswertes Volk und freuen sich über jeden Besucher. So manchen Urlauber lässt das Fernweh jedes Jahr nach Kos zurückkehren, andere sind aus Liebe zur Insel für immer geblieben.

Inselhauptstadt *Kos-Stadt*

Sprache *Griechisch*

Währung *Euro*

Fläche *290 km², damit ist Kos nach Rhodos und Kárpathos die drittgrößte Insel des Dodekánes*

Bevölkerungsdichte *115 Einw. pro km², also etwas mehr als Sachsen-Anhalt (109)*

Küstenlänge *112 km*

Einwohner *ca. 30 000*

Staatsform *Parlamentarische Republik*

Wirtschaft *Der Tourismus bildet den Hauptwirtschaftszweig*

Religion *Bis auf eine kleine muslimische Minderheit gehören fast alle Koer der griechisch-orthodoxen Kirche an.*

Berühmtester Koer *Hippokrates, der berühmteste Arzt des Altertums und Vater der modernen Medizin*

Das lieben alle Einheimischen *Kalter Kaffee mit Eiswürfeln, egal ob als Pulvervariante Frappé oder Freddo Espresso und Freddo Cappuccino – das ideale Sommergetränk*

Wichtigste Vokabel *Endáxi? – hier wird nicht nach einem Taxi gefragt, sondern ob »Alles klar?« ist.*

Das will ich erleben

Auf kompakter Fläche zeigt sich die drittgrößte Dodekánes-Insel abwechslungsreich und eignet sich für nahezu jeden Urlaubstyp. Während es sich Erholungsuchende an den langen Sandstränden bequem machen, begeben sich Entdecker auf Inseltour und finden sich zwischen antiken Relikten, auf Burgruinen mit Traumaussichten und in urigen Tavernen wieder. Aktivurlauber nutzen das umfangreiche Sportangebot und toben sich beim Mountainbiking oder Windsurfen aus. Am Ende verschlägt es alle mindestens einmal in die Hauptstadt, für ein passendes Inselsouvenir oder um sich kulinarisch verwöhnen zu lassen.

Kos' antike Vergangenheit

Was an manchen Stellen etwas verwildert und überwuchert aussieht, ist in Wirklichkeit ein echter historischer Schatz, denn bereits in der Antike blühte das Leben auf Kos. Durch den Besuch des Archäologischen Museums bekommt man einen besseren Einblick in die Vergangenheit der Insel und erwirbt das nötige Hintergrundwissen für weitere Ausgrabungsstätten.

Burgruinen mit Panorama

Die mächtigen Ritterburgen des Johanniterordens waren in der Vergangenheit nicht nur ein wichtiger Beobachtungsposten, sie dienten auch als Schutz vor Seeräubern und waren ein Zufluchtsort für die Bevölkerung. Heute genießt man von den Ruinen der einst imposanten Festungen einen atemberaubenden Ausblick auf das Meer und die Küste.

Strandparadies in der Ägäis

Kos macht seinem Ruf als Badeparadies alle Ehre. Entlang der 112 km langen Küstenlinie ziehen sich Traumstrände aus Sand oder Kies mit türkisblauem Wasser und erfreuen Badeurlauber und Wassersportler gleichermaßen. Ob ruhig oder quirlig, ob für Singles oder Familien mit Kindern, für jeden findet sich der passende Strandtyp.

27

Ab in die Natur

Am Morgen ein heißes Thermalbad, mittags Flamingos bewundern und am Nachmittag ein Abstecher in den Pfauenwald? An strandfreien Tagen lohnt es sich, die Naturschätze der Insel zu erkunden. Vor allem die bunte Tierwelt erfreut dabei die Herzen von Groß und Klein.

17

Kulinarik in der Hauptstadt

Wer bei Griechenland nur an Gyros mit Pommes denkt, sollte unbedingt in die kulinarische Vielfalt der ägäischen Küche eintauchen. Kos-Stadt beheimatet hervorragende Restaurants, die echte Gaumenfreuden versprechen. Hier wird die Landesküche modern interpretiert und trägt zum positiven Imagewechsel bei.

1 S. 31

Aktiv auf Kos und Kálymnos

Während der Sommerwind Meltémi die Herzen der Wassersportler höherschlagen lässt, entdecken Taucher die Unterwasserwelt der Insel. An Land punktet Kos mit gut ausgebauten Radwegen und Bergstrecken für Mountainbiking. Auf Kálymnos erproben Mutige ihre Kletterkünste.

Mitbringsel von der Insel

Gibt es etwas Schöneres, als den Geschmack der Insel mit nach Hause zu nehmen? Sorgfältig verpackt halten diese kulinarischen Souvenirs die Flugreise stand und sind eine tolle Urlaubserinnerung oder ein hochwertiges Geschenk für Familie und Freunde.

Chillige Beach-Bars

Nachdem man sich im kühlen Nass erfrischt hat, führt kein Weg an einer gemütlichen Strandbar vorbei. Man lehnt sich zurück, nippt an seinem Drink und lauscht den entspannten Klängen aus dem Lautsprecher. Spätestens jetzt ist man angekommen, auf Kos und bei sich selbst.

Traditionelles Dorfleben

Die ursprünglichen Bergdörfer der Insel entführen Besucher in längst vergangene Zeiten. Traditionelle Häuser geben einen authentischen Einblick in die damalige Lebensweise und zeigen die Ausstattung der Wohn- und Arbeitsräume bis in die Mitte des 20. Jh. Alte Windmühlen sind malerische Zeugen der einstigen landwirtschaftlichen Aktivität.

20

Urige Bergtavernen

Bastbezogene Stühle, familiäre Atmosphäre und frische Zutaten aus eigenem Anbau. In den Bergtavernen der Insel kommt schmackhafte griechische Hausmannskost auf den Tisch, und zu besonderen Anlässen schmort auch mal ein Zicklein im Ofen.

14

Aktivitäten für Groß und Klein

Wer mit dem Nachwuchs etwas unternehmen möchte, dem bieten sich auf Kos unzählige Möglichkeiten. Ob ein Ausflug mit dem Piratenboot, ein Besuch im Tierpark, Rutsch-Gaudi im Wasserpark oder Ponyreiten: Strahlende Kinderaugen sind hier garantiert.

18

Unterwegs

Unweit von Kos-Stadt erstreckt sich das Ausgrabungsgelände der auf drei Terrassen erbauten Kurklinik Asklepieion. Die dem Gott der Heilkunst, Asklepios, geweihte Stätte wurde von 1901 bis 1904 freigelegt.

Kos-Stadt und die Ostküste

Das touristische Zentrum der Insel ist ein Schmelztiegel vergangener Kulturen. Party, Strände und Sport geben an der Ostküste den Ton an

In Kos-Stadt im Osten pulsiert Tag und Nacht das Leben. Die Hauptstadt ist das touristische und kulturelle Zentrum der Insel, Verwaltungssitz und Ausgangspunkt für ein Inselhüpfen. Das Stadtbild ist ein Potpourri aus griechischen, italienischen und orientalischen Einflüssen. Bei einem Spaziergang durch die Innenstadt trifft man überall auf Zeugnisse der antiken Vergangenheit. Die geschäftigen Einkaufsgassen, die lebhafte Uferpromenade mit vielen Restaurants und Cafés sowie die palmengesäumte Allee rund um das Kástro laden zum Flanieren ein. Perfekt ausgebaute Radwege verbinden die Hauptstadt mit den angrenzenden Küstenorten. Während am Lambí Beach in hippen Strandbars bis in den Morgen gefeiert wird, machen es sich Familien an den grauen Kiesstränden von Psalídi und Ágios Fokás gemütlich. Ganz im Osten bei der Embrós-Therme sprudelt schwefelhaltiges Wasser in ein von Steinen umsäumtes Becken an die Oberfläche. Außerhalb von Kos-Stadt genießt man orientalische Spezialitäten in der muslimischen Gemeinde Platáni oder wandelt im Heiligtum Asklepieion, einer der bedeutendsten Heilstätten im antiken Griechenland, auf den Spuren des berühmten Inselarztes Hippokrates.

In diesem Kapitel:

ADAC Top Tipps:

1 **Innenstadt, Kos-Stadt**
| Stadtzentrum |
Im Herzen der Hauptstadt begibt man sich auf eine Zeitreise durch die einzelnen Epochen der Insel und mischt sich unter das bunte Treiben in den belebten Gassen 18

2 **Asklepieion**
| Heiligtum |
Kos' bedeutendste Ausgrabungsstätte und einstiges Zentrum der antiken

Heilkunst gewährt Einblicke in eine der ältesten Kurkliniken Griechenlands. 40

ADAC Empfehlungen:

1 Odós Ifèstou, Kos-Stadt
| Flaniermeile |
Die belebte Einkaufsgasse in der Innenstadt lockt mit Souvenirgeschäften, Cafés und Handwerkskunst. 22

2 Platía Eleftherías, Kos-Stadt
| Platz |
Der geschichtsträchtige Platz ist das Herzstück von Kos-Stadt. In der angrenzenden Markthalle findet jeder das passende Inselsouvenir. 23

3 Mandráki-Hafen, Kos-Stadt
| Hafen |
Die sichelförmige Hafenbucht ist ein beliebter Ausgangspunkt, um die Nachbarinseln zu erkunden. 24

4 Platane des Hippokrátes, Kos-Stadt
| Naturdenkmal |
Der altehrwürdige Baumriese auf dem gleichnamigen Platz wurde zu Ehren des berühmten Inselarztes Hippokrates gepflanzt. 26

5 Agorá, Kos-Stadt
| Archäologische Stätte |
Das größte Ausgrabungsgelände der Stadt gibt einen Einblick in das antike Zeitalter der Insel. 26

6 Lofaki, Kos-Stadt
| Restaurant |
Feinste griechische Küche wartet in einer Traumkulisse, die als Krönung einen grandiosen Sonnenuntergang verspricht. 30

7 Mylos Beach Bar, Lambí
| Strandbar |
Die schöne Strandbar samt Windmühle ist der perfekte Ort zum Entspannen und Abschalten. 34

1 Kos-Stadt

Lebendige Hauptstadt mit historischen Schätzen

Die quirlige Hafenpromenade wird von vielen Restaurants, Cafés und Läden gesäumt

Information

- Touristeninformation, Vasíleos Georgíou V 3, 85300 Kos, Tel. 22 42 02 01 07, www.kos.gr, Mo–Fr 8–15 Uhr
- Parken: siehe S. 30

1 *Trubelige Hauptstadt mit bewegter Vergangenheit*

In der quirligen Stadt ganz im Osten von Kos lebt über die Hälfte der Inselbevölkerung. Im Sommer pulsiert hier das Leben, zahlreiche Urlauber strömen Tag und Nacht in die Gassen der Innenstadt und lassen Kos-Stadt nie zur Ruhe kommen. Die ersten Siedlungsspuren fand man bereits in der frühen Bronzezeit um 2300 v. Chr. Zu Zeiten der Minoer und Mykener wuchs Kos-Stadt zu einem wichtigen Handelszentrum heran. Überall im Stadtkern verteilt, findet man antike Ausgrabungen und historische Denkmäler. Heute ist Kos-Stadt der Verwaltungssitz der Insel und das wirtschaftliche und kulturelle Zentrum. Die Hauptstadt mit ihren rund 20 000 Einwohnern hat ihren ganz eigenen Charme und verzaubert nicht jeden auf Anhieb. Der bunte Mix aus orientalischem Flair, italienischen Prunkbauten und modernen Gebäuden gibt einen Einblick in die bewegte Geschichte der Insel. Die

Plan
S. 20/21

Die weitgehend verkehrsberuhigte Innenstadt, ein quirliger Mix aus Geschäften, Ruinen und Kneipen, lässt sich bei einem Rundgang wunderbar zu Fuß erkunden, liegen doch viele Sehenswürdigkeiten nah beieinander. Wer nicht so fit zu Fuß ist, macht sich die gut ausgebauten Radwege zunutze. Das Stadtgebiet ist flach und lässt sich mit dem Drahtesel ideal erkunden. Die Innenstadt ist voller archäologischer Schätze, die darauf warten entdeckt zu werden. Zwischen Ruinen und Tempeln bekommt man nicht nur Auskunft über vergangene Epochen, sondern findet auch Zuflucht und Ruhe fernab der Touristenmassen. Durch verheerende Erdbeben besitzt Kos-Stadt, anders als Kreta oder Rhodos, keine mittelalterliche Altstadt mehr. 1933 wurde diese durch ein starkes Beben zerstört. Zum Vorschein kam mit der Agorá ein bedeutendes antikes Erbe von Kos. Die größte Ausgrabungsstätte der Stadt war einst Zentrum des öffentlichen Lebens. Direkt hinter der Agorá liegt das Herzstück der Innenstadt. Auf der Platía Eleftherías, dem Platz der Freiheit, und seinen angrenzenden Gassen ist es Tag und Nacht trubelig. Tagsüber trifft man in den Einkaufsgassen und der Markthalle auf Souvenirjäger und Shoppingqueens. Zahlreiche Cafés und Restaurants laden nach dem Kaufrausch zu einer kurzen Pause ein. Kulturfans entdecken alle paar Meter Ausgrabungen und historische Gebäude. Manche davon sind seit dem letzten Erdbeben im Juli 2017 stark in Mitleidenschaft gezogen worden. Der Mandráki-Hafen ist

Moscheen und das Hamam im Stadtgebiet sind Relikte der osmanischen Besatzung. Die Italiener haben sich mit dem Gouverneurspalast und dem Hotel Albergo Gelsomino am Hafen verewigt. Unübersehbar ist das wuchtige Kástro, das von den Johannitern im 14. Jh. erbaut wurde. Die Inselmetropole ist erstaunlich grün. Eingestreut in das architektonische Potpourri wachsen Pinien und Akazien, Oleander, Bougainvillea und Hibiskus. Die prächtige Palmenallee Finíkon verbindet die beiden Häfen im Stadtgebiet. Die Strände rund um Kos-Stadt sind besonders im Sommer stark frequentiert und ziehen vor allem junges Publikum an.

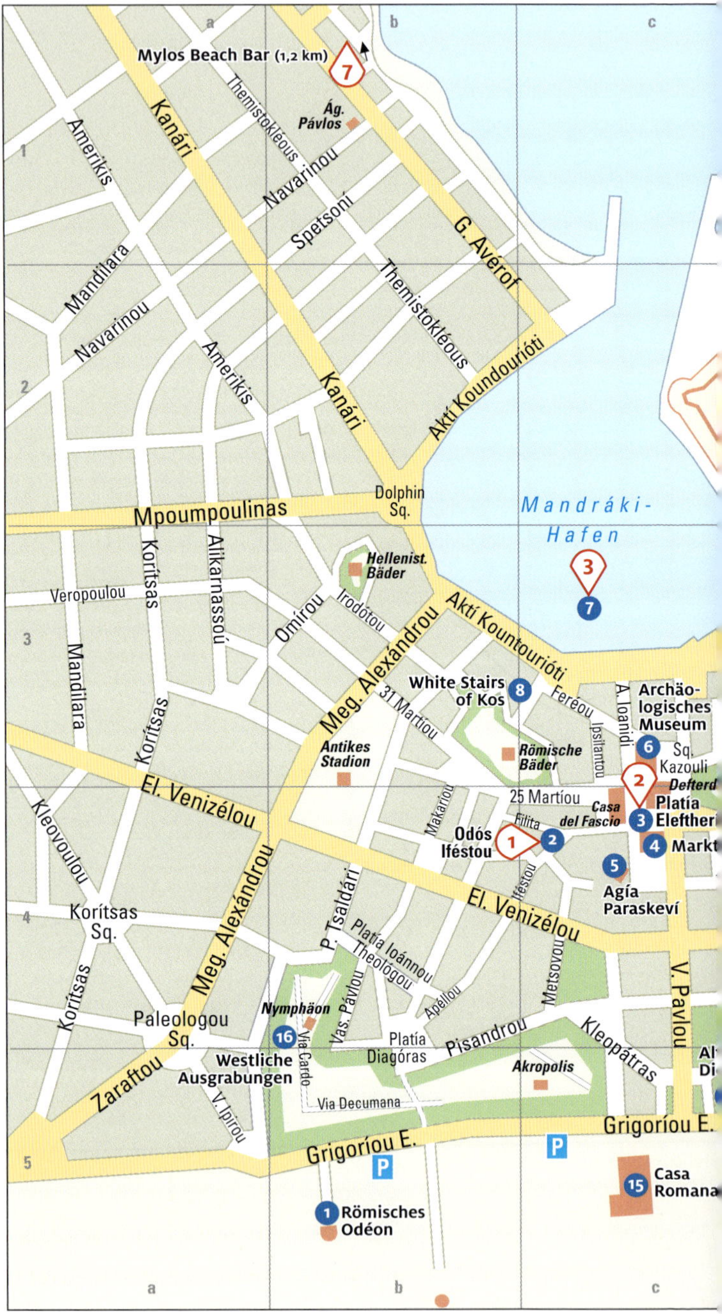
a
b
c
1
2
3
4
5
Mylos Beach Bar (1,2 km)
7
Ág. Pávlos
Themistokléous
Kanári
Amerikis
Navarinou
Spetsoní
G. Avérof
Mandilara
Navarinou
Amerikis
Themistokléous
Kanári
Aktí Koundourióti
Dolphin Sq.
Mpoumpoulinas
Mandráki-Hafen
3
7
Korítsas
Alikarnassoú
Hellenist. Bäder
Veropoulou
Omírou
Irodótou
Meg. Alexándrou
Aktí Kountourióti
Mandilara
Korítsas
White Stairs of Kos
8
31 Martíou
Feréou
A. Ioanidi
Archäologisches Museum
6
Sq. Kazouli
Ipsilantou
Antikes Stadion
Römische Bäder
2
Defterd
El. Venizélou
Makariou
25 Martíou
Casa del Fascio
Platía Eleftheri
3
Filita
1
2
Odós Iféstou
4
Markt
Kleovoulou
5
Agía Paraskeví
Iféstou
Meg. Alexándrou
P. Tsaldári
El. Venizélou
Korítsas Sq.
Platía Ioánnou Theológou
Metsovou
V. Pavlou
Korítsas
Paleologou Sq.
Nymphäon
Vas. Pávlou
Apéllou
16
Via Cardo
Platía Diagóras
Pisandrou
Kleopátras
Westliche Ausgrabungen
Akropolis
Zaraftou
V. Ipirou
Via Decumana
Grigoríou E.
Grigoríou E.
P
P
Casa Romana
15
1
Römisches Odéon
a
b
c

1 Kos-Stadt
0 100 m
Ägäisches Meer
erátzia
Platane des Hippokrátes
Gouverneurs-palast
oggia-schee
Hamam
Agorá
Orthodoxe Kathedrale
pokrátous
Hippokrátes-Krankenhaus
Mitropoleos
Koraí
El. Venizélou
Ág. Nikólaos
Ag. Nikólaou
Korai
Grigoríou E.
Makrigianni
Tsiminaki
G. Ioanidi
Filimonos
Epiharmou
Arseníou
Vasíleos Georgíou
Thesalou
Evripilou
Artemisias
Knidou
Xenofondos
Karaskaki
Papatheofanous
A. Lagoumitzi
Restaurant Lofaki (2,3 km)

Im Römischen Odéon wurde einst musiziert, gefeiert und auch Wettkämpfe ausgetragen

Flaniermeile und wichtiger Ausgangspunkt für Bootstouren. Von hier starten nicht nur zahlreiche Ausflüge in die türkische Stadt Bodrum und auf die Nachbarinseln, hier befindet sich mit den »White Stairs of Kos« auch ein beliebtes Fotomotiv der Stadt. Wenn der Tag sich zu Ende neigt, lässt man den Abend in einer der traditionellen Tavernen ausklingen, bevor es zum Feiern auf die legendäre Bar-Street geht.

Sehenswert

1 Römisches Odéon

| Archäologische Stätte |

Über eine schöne Zypressenallee gelangt man zu dem antiken Amphitheater, das im 2. Jh. n. Chr. von den Römern errichtet wurde. 1929 legten italienische Archäologen das ehemals überdachte Theater frei. Es diente einst als Versammlungsort und wurde für Musikveranstaltungen und Feste genutzt. Das kleine Theater mit einer Kapazität von 750 Besuchern umfasst 14 Ränge aus Marmorstufen. Unterhalb der Ränge befindet sich ein Gewölbe, in dem in den letzten Jahren Informationen über das Odéon gegeben wurden. Zum Zeitpunkt der Recherche war der Rundgang geschlossen.

■ Leof. Grigoríou V 51, Eintritt frei

2 Odós Iféstou

| Flaniermeile |

1 *Die lebhafte Gasse ist ein Einkaufsparadies*

In der schmalen Gasse, die zum Teil von farbenprächtiger Bougainvillea überrankt wird, gibt es neben zahlreichen Souvenirläden auch schöne Handwerkskunst von der Insel, Bekleidungsgeschäfte, Schmuck- und Schuhläden. Zwischendrin laden Cafés zu einer kurzen Pause ein, bei einem Frappé kann man das bunte Treiben beobachten. Die Flaniermeile von Kos-Stadt beginnt bereits am Diagóras-Platz, geht dann in die Straße Apéllou (Odós Apéllou) über. Ein Schild mit der Aufschrift »Old Town« markiert schließlich den Eingang in die Odós Iféstou.

3 Platía Eleftherías

| Platz |

2 *Mittelpunkt des Geschehens und beliebter Treffpunkt*

Der Platz der Freiheit ist das Herzstück im Zentrum von Kos-Stadt. Umgeben von einem Hauch orientalischen Flairs reihen sich hier Cafés und Restaurants aneinander. Besonderer Blickpunkt war bis zum Erdbeben 2017 die schöne Defterdar-Moschee aus dem 18. Jh. Die Spuren der Erschütterungen sind noch heute durch Risse im Gebäude und das eingestürzte Minarett sichtbar. Unübersehbar auf der Platía Eleftherías ragt das mittelalterliche Stadttor der Insel auf. Früher musste hier Zoll gezahlt werden, daher trägt es auch den Namen »Tor der Steuereintreiber«. Beim Passieren erwartet den Besucher eine parkähnliche Oase. Die malerische Gasse Nafklírou mit ihren vielen Tavernen zieren bunte Bougainvillea-Sträucher. Direkt dahinter gelangt man zur Bar-Street und der berühmten Platane des Hippokrates.

4 Markthalle

| Markt |

Auf der Platía Eleftherías erstrahlt auch die weiß getünchte Markthalle von Kos-Stadt, die 1934 von den Italienern erbaut wurde. Bei ihr handelt es sich jedoch nicht um einen klassischen Wochenmarkt, wie man ihn vielleicht erwarten würde. Dennoch gibt es in dem klimatisierten Gebäude neben allerlei Souvenirs für Touristen auch lokale Produkte wie Honig und Olivenöl und frisches Obst und Gemüse zu kaufen. Bezahlt wird wie im Supermarkt an den Ausgängen der Halle.

■ Platía Eleftherías, Mo–Sa 7–22.30, So 10–22.30 Uhr

5 Agía Paraskeví

| Kirche |

Die prächtige Bischofskirche mit ihren beigefarbenen Wänden und den blauen Kuppeln steht unweit der Markthalle. Das Innere ist mit Wandmalereien aus den 1980er-Jahren verziert, an der Außenfassade befinden sich goldene Mosaike, die Heilige darstellen. Leider wurde die Kirche beim Erdbeben 2017 stark beschädigt, sodass sie von innen aktuell nicht besichtigt werden kann.

■ Platía Agías Paraskevís, seit dem Erdbeben 2017 geschlossen

6 Archäologisches Museum

| Museum |

Auch das Archäologische Museum befindet sich auf der Platía Eleftherías. Ausgestellt sind über 130 Funde der Insel Kos, die u. a. von verschiedenen Ausgrabungsstätten, wie der Agorá,

Gefällt Ihnen das?

Wenn Sie nach dem Besuch des Archäologischen Museums Lust bekommen haben, noch tiefer in die antike Geschichte von Kos einzutauchen, dann schauen Sie doch mal mal im **Asklepieion** (S. 40) oder in der **International Hippocratic Foundation** (S. 43) vorbei. Hier erfahren Sie mehr über die Wurzeln der modernen Medizin und die Lehren des Hippokrates.

Plan S. 20/21

dem westlichen Grabungsgebiet, dem Odéon und der Casa Romana stammen. Das dreistöckige Gebäude wurde 1936 von den Italienern erbaut und steht mittlerweile unter Denkmalschutz. Aktuell können nur das Erdgeschoss mit seinen drei Hallen und dem Atrium (Innenhof) und die erste Etage besichtigt werden. Zu bewundern gibt es verschiedene Skulpturen und Mosaike, die bis in die hellenistische und römische Zeit datieren (4. Jh. v. Chr.–3. Jh. n. Chr.). Besonders gut erhalten ist ein farbiges Bodenmosaik im Innenhof, das den Empfang des Asklepios, des Gottes der Heilkunst, durch den Arzt Hippokrates und einen Inselbewohner darstellt. Im Atrium findet man außerdem die Statuen des Weingottes Dionysos und der Jagdgöttin Artemis. Die westliche Halle zeigt hellenistische Statuen, darunter eine Darstellung von Hippokrates aus dem 4. Jh. v. Chr. Im östlichen Teil sind prähistorische Funde der Höhle Áspri Pétra sowie Fundstücke verschiedener Heiligtümer, wie dem Asklepieion und den Demeter-Tempeln von Kos-Stadt und Kéfalos, ausgestellt. Im Obergeschoss begibt man sich auf eine Zeitreise von den ersten bronzezeitlichen Siedlungsspuren auf dem einstigen Hügel von Serayia bis in die hellenistische Epoche. Zu bestaunen sind vor allem Alltagsgegenstände, wie Figuren, Schwerter, Münzen, Grabbeigaben, Keramik und Töpferwaren. Über die einzelnen antiken Fundstücke informieren Tafeln in Englisch und Griechisch.

■ Platía Eleftherías, Mi–Mo 8–20 Uhr, 6 €

7 Mandráki-Hafen

| Hafen |

3 *Flaniermeile und Verkehrsknotenpunkt*

In der bauchigen Mole des Mandráki-Hafens schippern zahlreiche Ausflugsboote, mit denen man die Nachbarin-

Im Blickpunkt

Tagesausflug nach Bodrum

In der Mittagshitze flimmern die weißen Häuserwürfel des antiken Halikarnassos auf der anderen Seite der Ägäis. Nur 5 km trennen die Insel Kos vom türkischen Festland. Bei einem Tagesausflug nach Bodrum lernt man das »St. Tropez der Türkei« kennen. Mondäne Segeljachten und Fünf-Sterne-Resorts prägen den exklusiven Badeort mit seinen 150 000 Einwohnern ebenso wie seine bewegte Vergangenheit. Das historische Stadtbild von Bodrum mit seinen schmalen Altstadtgassen ist besonders reizvoll. Auf einem Rundgang kommt man an dem wuchtigen Johanniterkastell St. Peter aus dem 15. Jh. ebenso vorbei wie an den Ruinen des Mausoleums, einem der sieben Weltwunder der Antike. Eine Besichtigung von Bodrum ist auch auf eigene Faust möglich. Ausflugsboote in die Türkei starten täglich zwischen 8.30 und 9 Uhr am Hafen von Kos-Stadt und kehren am Nachmittag zwischen 16 und 17 Uhr zurück. Hin- und Rückfahrt mit einem langsameren Boot (ca. 40 Min.) kosten ca. 15 €, mit dem Speedboot (ca. 20 Min.) ca. 28 €. Vorsicht vor geführten Türkeiausflügen zum Sparpreis, diese entpuppen sich mitunter als Kaffeefahrten zu Teppichhändlern und Basaren.

Auf den White Stairs of Kos zeigt sich die Altstadt von ihrer Bilderbuch-Seite

seln und die Stadt Bodrum auf dem türkischen Festland erkunden kann. Viele Cafés und Restaurants haben sich an der Uferpromenade etabliert und laden zu einer Verweilpause während des Stadtbummels ein. Vom Mandráki-Hafen startet auch die Bimmelbahn »Trenaki« zur Sightseeing-Tour.

8 White Stairs of Kos

| Gasse |

Kaum einer verlässt die Hauptstadt ohne ein Foto der beliebten blau-weißen Gasse, die direkt gegenüber dem Mandráki-Hafen liegt. Weiße Stufen führen hinauf in das berühmte Gässchen, links und rechts erstrahlen blaue Korbstühle, im Hintergrund ranken pinkfarbene Bougainvillea hoch. Eine herrlich kitschige Griechenland-Kulisse. Für ein Selfie auf den weißen Treppenstufen steht mancher in der Hauptsaison auch schon mal eine Weile an.

■ Ríga Feréou

9 Kástro Nerátzia

| Burgruine |

Östlich des Mandráki-Hafens thront auf einer Landzunge unübersehbar das Kástro Nerátzia. Im 14. Jh. errichtete der Kreuzritterorden der Johanniter auf einer bereits bestehenden Festung die mächtige Burganlage, die zur Verteidigung des Hafens gegen das Osmanische Reich diente. Nach mehreren Angriffen wurde die Anlage um 1514 mit einer zusätzlichen Bastion verstärkt. 1523 eroberten schließlich die Osmanen das Kastell und nutzten es fortan als Kaserne. Im Zweiten Weltkrieg inhaftierten deutsche Soldaten Kriegsgefangene im Inneren der Festung. Noch heute zeugen Kanonen, antike Statuen, Säulenstümpfe und Wappen von den einstigen Besatzern. Zwei Erdbeben haben das Kastell jedoch schwer beschädigt. 1933 wurden die intakten Gebäude im Inneren zerstört, 2017 gab es weitere Beschädigungen, die zur Schließung des Kastells führten. Eine Besichtigung ist somit bis auf Weiteres nicht mehr möglich. Zu sehen gibt es jedoch noch die alte Steinbrücke, die von der Platía tou Platánou den einzigen Zugang zur Burganlage bildet. Unter ihr verlief der ehemalige Burggraben, den heute die schöne Palmenallee Siníkon säumt. Der Name Nerátzia leitet sich übrigens von den vielen Bitterorangenbäumen ab, die damals rings um die Burg und in der Stadt angepflanzt waren.

■ Ákti Miaoúli 4, seit dem Erdbeben 2017 geschlossen

10 Jüdische Synagoge

| Synagoge |

Seit der Antike lebten Juden auf Kos, im 19. Jh. zählte die jüdische Gemeinde etwa 40 Familien. Im Zweiten Weltkrieg wurden die letzten Juden auf Kos 1944 von Nazis nach Auschwitz deportiert. Nur eine Person aus der jüdischen Gemeinde von Kos überlebte den Holocaust und kehrte auf die Insel zurück. Die jüdische Synagoge liegt im Stadtzentrum hinter der Bar-Street und gehört mittlerweile der Stadtverwaltung, die die Räumlichkeiten für kulturelle Veranstaltungen nutzt.

■ Diákou Alexándrou 4, keine Innenbesichtigung möglich

11 Platane des Hippokrates

| Naturdenkmal |

4 *Uralter Baumriese mit bewegter Geschichte*

Laut Legende soll unter der riesigen Platane schon der berühmte Arzt Hippokrates seine Schüler unterrichtet haben. Vermutlich ist der mächtige Baum auf der Platía tou Platánou (Platanenplatz) mit einem Stammdurchmesser von über 4 m weitaus jünger. Wissenschaftler sind sich uneinig über sein Alter, von 500 bis 2000 Jahre reichen die Datierungen. Mittlerweile muss die Platane, deren Stamm völlig ausgehöhlt ist, durch Pfeiler gestützt werden. Entlang der niedrigen Ummauerung entdeckt man einen antiken Sarkophag mit einer arabischen Inschrift, der von den Osmanen als Brunnen umfunktioniert wurde. Das Brunnenhaus und die angrenzende Hadji-Hassan-Moschee (auch Loggia-Moschee) aus dem 18. Jh. wurden durch das letzte Erdbeben stark beschädigt und sind seitdem baufällig.

■ Platía tou Platánou

12 Hamam

| Ausstellung |

Das türkische Bad aus dem 17. Jh. wurde einst für Frauen errichtet und bis 1948 genutzt. Zwischenzeitlich wurde es durch das Erdbeben 1933 stark beschädigt und von den italienischen Besatzern wiederaufgebaut. Auf 300 m² teilen sich mehrere Räume auf, wobei der lichtdurchflutete Ruhe- und Erholungsraum am eindrucksvollsten ist. Bis in die 1980er-Jahre wurden die Räumlichkeiten als Salzdepot benutzt. Eine alte Waage in der großen Halle zeugt noch von dieser Zeit. Nach Renovierungsarbeiten in den letzten Jahren kann das türkische Bad als Museum wieder besichtigt werden.

■ Hinter der Polizeistation, Mi–Mo 8.30–16 Uhr, Eintritt frei

13 Agorá

| Archäologische Stätte |

5 *Ein Ruinenfeld für Historiker und Ruhesuchende*

Das größte Ausgrabungsgelände von Kos-Stadt befindet sich direkt im Zentrum hinter der Platiá Eleftherías und der Platane des Hippokrátes. Im 14. Jh. lag hier das Stadtzentrum der Johanniter, das durch das Erdbeben im Jahre 1933 völlig zerstört wurde. Zum Vorschein kam daraufhin die antike Stadt, die italienische Archäologen zwischen 1934 und 1942 freilegten. Die Agorá wurde im späten 4. Jh. v. Chr. erbaut und war in der Antike Zentrum des öffentlichen Lebens, Markt- und Versammlungsplatz. Der Hof der Agorá war von einer Säulenhalle und Geschäften umgeben. Heute erkennt man dieses Areal an zwei wiederaufgerichteten Säulen. Östlich an die Agorá waren Blocks von Wohnhäusern (»Insulae«) angeschlossen. Die 350 m lange

Nur noch Ruinen künden davon, dass die Agorá einst ein florierendes Zentrum war

Anlage zählte zu hellenistischer Zeit etwa 3000 Einwohner. Überreste einer Befestigungsmauer aus dem Jahre 366 v. Chr., die das Hafenviertel vom Wohnviertel trennten, kann man noch heute ausmachen. Im Norden der antiken Stadt liegt das einstige Hafengebiet, das vor allem öffentliche Gebäude und Heiligtümer beheimatete. Zu sehen sind noch Überreste eines Aphrodite-Heiligtums aus dem späten 3. Jh. v. Chr. und eine Kultstätte zu Ehren Herakles. An der nördlichen Spitze errichtete man im 6. Jh. n. Chr. eine Basilika und eine weitere Säulenhalle (Stoa). Die antike Agorá und das Hafenviertel wurden vermutlich durch die Erdbeben 469 oder 554 n. Chr. zerstört. Die Bestandteile der weitläufigen Anlage werden dem Besucher auf Infotafeln in Englisch und Griechisch erklärt. In dem Ruinengarten ist es selbst in der Hauptsaison angenehm ruhig: Man wandelt zwischen Palmen und Zypressen entlang von Säulenstümpfen, Marmorblöcken sowie Tempel- und Häuserfundamenten. Die Anlage ist über einen Eingang im Norden und einen im Süden begehbar.

■ Östlich der Platía Eleftherías, Eingänge an den Straßen Nafklírou und Hippokrátous, Mi–Mo 8–15 Uhr, Eintritt frei

14 Altar des Dionysos

| Ruine |

Südlich der Agora entdecken Geschichtsinteressierte Überreste eines Altars und eines antiken Tempels aus dem 2. Jh. v. Chr. Die Kultstätte war dem Weingott Dionysos geweiht, auf dem Altar wurden ihm Opfergaben gebracht. Durch ein schweres Erdbeben im Jahre 142 wurde das Monument vermutlich zerstört. Im 14. Jh. nutzten die Ritter des Johanniterordens die verbliebenen Reliefblöcke des Altars für den Bau der Festung Nerátzia.

■ Leof. Grigoríou V 41

15 Casa Romana

| Villa |

Die römische Villa wurde 1933 nach dem Erdbeben von italienischen Archäologen entdeckt und rekonstruiert. Das zweistöckige Wohnhaus mit drei Innenhöfen steht auf den Fundamenten hellenistischer Gebäude aus dem 3. Jh. v. Chr. Auch wenn die Casa Romana von außen wie ein unscheinbarer Kasten anmutet, bekommt man im Inneren einen guten Einblick in das Leben wohlhabender Familien zu römischer Zeit. Zu sehen gibt es in mehreren überdachten Räumen u. a. farbenprächtige Mosaike, Fresken, Büsten und Tongefäße. Besonders eindrucksvoll sind die Peristylhöfe, die auf allen Seiten von Marmorsäulen umgeben sind. Auf dem Gelände der Casa Romana liegen außerdem die Überreste römischer Thermen, die in damaliger Zeit neben der Reinigung auch dem Vergnügen dienten.

■ Leof. Grigoríou V, Mi–Mo 8–19.30 Uhr, 6 €, erm. 3 €

16 Westliche Ausgrabungen

| Archäologische Stätte |

Das weitläufige Ausgrabungsgelände im Südwesten von Kos-Stadt birgt neben der Agorá weitere Schätze aus hellenistischer und römischer Zeit. Auch diese Stätte ist von der Natur weitgehend überwuchert, und es braucht einiges an Fantasie, um sich das einstige Ausmaß der Anlage vorzustellen. Wiederaufgerichtet wurden im Westen der Anlage einige Säulen eines antiken Gymnasions (Palästra). Die einstige Sportanlage mit einer überdachten Laufbahn stammt aus dem 2. Jh. v. Chr. Gegenüber liegt die Via Cardo, eine Straße aus römischer Zeit, die vermutlich am Hafen begann. An diese schließt sich das Nymphäon, ein eindrucksvolles Gebäude mit einem schönen Innenhof aus dem 3. Jh. v. Chr., an, das in römischer Zeit als öffentliches Bad diente. Im Norden findet man unter einem Schutzdach ein Fußbodenmosaik, das das Paris-Urteil darstellt. Im Streit der Göttinnen Hera,

Die Casa Romana gibt einen guten Einblick in das Leben der Menschen in der Antike

ADAC Spartipp

An mehreren Tagen im Jahr ist der **Eintritt** in staatliche Museen und archäologische Stätten in Griechenland **frei**. Darunter fällt der 6. März, 18. April, 18. Mai, das letzte Wochenende im September sowie der 28. Oktober und jeder erste Sonntag von November bis März.

Athene und Aphrodite entschied sich Paris, begleitet von dem Götterboten Hermes, für Aphrodite als schönste Göttin und überreichte ihr den goldenen Apfel, auch »Zankapfel« genannt, als Siegessymbol. Sie versprach ihm daraufhin Helena, die schönste Frau auf Erden. Südlich der Via Cardo befinden sich weitere Thermen. An diese schließt sich die zweite römische Straße »Decumana« an. Entlang des Weges kommt man an einer römischen Villa, dem Haus der Europa, sowie an Überresten von Thermen, Latrinen und Mosaiken vorbei.

■ Leof. Grigoríou V, Mi–Mo 8.30–15.30 Uhr, Eintritt frei

Verkehrsmittel

Überland-Busse (KTEL): Zentraler Busbahnhof südlich der Innenstadt (Kleopátras 7, Tel. 22 42 02 22 92). Fahrpläne unter www.ktel-kos.gr. Fahrscheine gibt es im Bus, eine Fahrradmitnahme ist nicht möglich. Verbindungen ab Kos-Stadt gibt es zum Flughafen, Ziá, Tigáki, Marmári, Pylí, Mastichári, Antimáchia, Kardámena und Kéfalos.

City-Busse (DEAS): Zentrale Bushaltestelle mit Ticketschalter neben dem Hotel Albergo Gelsomino, Ákti Miaoúli, die Linien verbinden Kos-Stadt mit den angrenzenden Ortschaften der Ostküste und pendeln ab Kos-Stadt zwischen Lambí, Plataní und dem Asklepieion sowie Psalídi, Ágios Fokás und der Embrós Therme.

Taxis befinden sich am Stand am südlichen Ende des Mandráki-Hafens ein paar Meter neben dem Rathaus. Das Taxameter wird nicht immer eingeschaltet, vorab wird ein Festpreis verhandelt. Taxis können vorbestellt werden unter Tel. 22 42 02 27 77. Kosten für die Fahrt von Kos-Stadt zum Flughafen betragen 37–45 €.

Fähren nach Piräus und den nördlichen und südlichen Dodekánes-Inseln starten ab dem neuen Anlegekai hinter dem Kástro Nerátzia. Ausflugsboote nach Bodrum und zur Drei-Insel-Tour treten ihre Fahrt ab dem Mandráki-Hafen an. Für Segelboote und Jachten gibt es die Kos Marina.

■ Jachthafen, Tel. 22 42 04 41 50, www.kosmarina.gr

ADAC Mobil

Kos ist ein idealer **Ausgangspunkt**, um die ursprünglichen Inseln des nördlichen Dodekánes zu erkunden. Ab Kos-Stadt fahren mehrmals pro Woche Katamarane der »Dodekanisos Seaways« und die großen Autofähren von »Blue Star Ferries« auf die Nachbarinseln Kálymnos, Léros, Pátmos und Lipsí. Einen Mietwagen leiht man sich am besten vor Ort auf der jeweiligen Insel. **Inselhüpfen** ist eine ideale Möglichkeit, die wunderschöne Inselwelt Griechenlands zu entdecken. Man sollte sich dafür mindestens 10–14 Tage Zeit nehmen.

Das ruhige Café More lädt nach einem Stadtbummel zu einer beschaulichen Rast ein

Parken

Die Innenstadt rund um die Platía Eleftherías ist autofrei, und in den angrenzenden Nebenstraßen sind die Parkverbotszonen bisweilen unübersichtlich. Kostenfreie Parkplätze gibt es entlang der Grigoríou Straße zwischen dem Odéon und der Villa Casa Romana. Über eine schmale Gasse, die Richtung Eksi Cami Moschee führt, gelangt man in nur wenigen Minuten in die Innenstadt.

Restaurants

€ | **Noahs Ark** Das armenische Restaurant serviert vor allem leckere Grillspezialitäten vom Lamm. Große Portionen, auch vegetarische Gerichte verfügbar. ■ Mpoumpoulínas 14, Tel. 22421 16294, tgl. ab 11 Uhr, Plan S. 20/21 a2

€–€€ | **Alla ki Alla** In originellem Ambiente wird eine große Auswahl an traditionellen griechischen Vorspeisen serviert. ■ Leof. Grigoríou E', Tel. 22420 2 2022, tgl. ab 18 Uhr, Plan S. 20/21 d5

€–€€ | **Broadway** Griechische Küche neu und modern interpretiert. Fantasievolle Gerichte und exzellenter Service. Am Abend Reservierung empfehlenswert. ■ Meg. Alexándrou 36, Tel. 22420 27052, www.broaway-kos.gr, tgl. 13.30–23.30 Uhr, Plan S. 20/21 a4

€–€€ | **Elia** Gemütliches Restaurant mit schönem Innenhof. Das Lamm-»Kapamas« in Tomatensauce mit Zimt und Honig ist besonders empfehlenswert. ■ Apéllou 27, Tel. 22420 22133, www.elia-kos.gr, tgl. ab 12.30 Uhr, Plan S. 20/21 b4

6 €€–€€€ | **Lofaki** Gehobenes Restaurant außerhalb von Kos-Stadt in wunderschöner Lage. Begrünte Ter-

rasse mit Blick auf den Sonnenuntergang. Schmackhafte griechische Speisen, ansprechend serviert. Der Service ist freundlich und aufmerksam. Im Sommer kann man hier in den Genuss kommen, Zaungast bei traumhaften Hochzeiten zu sein. ■ Ágios Nektários, Tel. 2242021982, www.lofaki.gr, tgl. ab 12 Uhr, Plan S. 20/21 südlich d5

€€–€€€ | Petrino Charmantes Restaurant mit gehobener griechischer Küche und guter Weinauswahl. Schönes Ambiente in einem begrünten Garten. ■ Ioánnou Theológou, Tel. 2242027251, www.petrino-kos.gr, tgl. ab 12 Uhr, Plan S. 20/21 b4

Cafés

Kafe 011 Gemütliches kleines Café fernab vom Touristentrubel. Neben Kaffeespezialitäten serviert das Lokal auch Frühstück, Sandwiches und Waffeln. ■ Porfiriou 6, Tel. 2242030494, tgl. 10–23.45 Uhr, Plan S. 20/21 nördlich b1

More Schöne Café-Bar in einer ruhigen Seitengasse, in der guter Kaffee, Kuchen und kleine Snacks serviert werden. Die freundliche Inhaberin Christin kommt ursprünglich aus Deutschland. ■ Kolokotróni, Tel. 2242021775, tgl. ab 8 Uhr, Plan S. 20/21 b4

Nerátzia Hübsches Café an der Platane des Hippokrates, in dem man auch ein leichtes Mittagessen bekommt. Einladendes Ambiente unter schattigen Bäumen. ■ Platía tou Platánou, Tel. 2242030068, Mo–Sa 7–19, So 9–19 Uhr, Plan S. 20/21 d3

Special Eiscafé mit großer Auswahl an leckeren Eissorten, süßen Stückchen und Kuchen. Für 1,90 € pro Kugel gibt es eine überdimensionale Portion. ■ Vasíleos Georgíou V' 6, Tel. 2242027855, ab 8 Uhr, Plan S. 20/21 e4

Einkaufen

It's all Greek to Me Hochwertige Taschen, Schmuck und Souvenirs von griechischen Designern. Geschmackvolle Andenken an den Griechenland-Urlaub. ■ Apéllou 4, Tel. 2242030123, tgl. 10–23 Uhr, Plan S. 20/21 b4

Fantasy Sandals Bequeme Ledersandalen made in Greece. Angenehmer Komfort durch die patentierte flexible Laufsohle. Preise je nach Modell von 25–40 €. ■ Apéllou 4, Tel. 2242028339, tgl. 10–23 Uhr, Plan S. 20/21 b4

Drogi Hübsches Geschäft mit Nahrungsmitteln aus biologischem Anbau und Naturkosmetik. ■ Leof. Ippokrátous 7, Tel. 2242020009, Mo–Fr 9–14 und 17.30–21, Sa 9–14 Uhr, Plan S. 20/21 d4

Kneipen, Bars und Clubs

Global Eine Oase inmitten der hektischen Einkaufsgasse, versteckt in einem gemütlichen Innenhof. Tagsüber Café, am Abend auch Shisha-Bar. ■ Odós Iféstou 11 (hinter Global Bazaar Shop), Tel. 2242026003, tgl. ab 8 Uhr, Plan S. 20/21 c4

ADAC Spartipp

Wer auf Kos mit der **Kreditkarte** Bargeld abhebt, muss sich auf Automatengebühren einstellen. Die günstigsten **Gebühren** erheben die Alpha Bank und Eurobank mit je 2,50 € pro Abhebung, gefolgt von der Piräus Bank mit 3 €. Bis zu 4 € werden dagegen bei den Automaten (ATM) der Firma Euronet fällig, die oft an touristischen Orten aufgestellt sind.

An gemütlichen Tavernen und Bars herrscht in Kos-Stadt kein Mangel

Sitar Cocktail Bar Stylische kleine Bar am Fuße der White Stairs of Kos mit Hafenblick. Außergewöhnliche Cocktails, ansprechend serviert. ■ Ríga Feréou, Tel. 2242027942, tgl. ab 19 Uhr, Plan S. 20/21 bc3

Zero Cafe Bar Kleine gemütliche Bar mit einer großen Auswahl an griechischen Craft-Bieren. Snacks und Kaffeespezialitäten sind ebenfalls verfügbar. ■ Irodótou 1, Megálou Alexándrou 2, Tel. 2242020182, www.zerocafebar.gr, tgl. ab 9 Uhr, Plan S. 20/21 b3

Kinos

Orfeas Open Air Cinema Das Freilichtkino zeigt im Sommer auf großer Leinwand englische Spielfilme mit griechischen Untertiteln. Auch Theaterstücke und Musikveranstaltungen finden hier statt. ■ Fenaretis 3, Tel. 2242116923, www.cine-orfeas.gr, 7–9 €, Plan S. 20/21 f4

Kinder

Die Bimmelbahnen von »Elma Ko City Train« und »Kos Minitrain« starten vom Mandráki-Hafen und bieten auf verschiedenen Touren eine erste Orientierung in der Hauptstadt. Die Fahrt mit dem Mini-Zug dauert etwa 30–45 Min. Die roten und blau-weißen Bimmelbahnen fahren auch bis zum Asklepieion. ■ 8 €, erm. 4 €, Plan S. 20/21 c3

Erlebnisse

Drei-Insel-Tour Beliebter Bootsausflug zu den drei umliegenden Nachbarinseln Psérimos, Platí und Kálymnos. In der »Three-Islands-Tour« enthalten sind meist ein bis zwei Badestopps sowie ein Barbecue. Am Startpunkt, dem Mandráki Hafen in Kos-Stadt, gibt es zahlreiche Anbieter, die sich in Route, Verpflegung und

ADAC Mobil

Kaum eine andere griechische Insel in der Ägäis bietet so gute Bedingungen zum **Radfahren** wie Kos. Die gesamte Nordküste ist flach, und rund um Kos-Stadt wurden zahlreiche Radwege angelegt. In der bewaldeten Bergregion kommen dagegen Mountainbiker voll auf ihre Kosten. Fahrräder und E-Bikes kann man rund um Kos-Stadt sowie in den Touristenorten Tigáki und Marmári ab ca. 5 € pro Tag ausleihen.

Passagierzahl unterscheiden, 25–40 €. Einmalig für Familien mit Kindern. ■ Mandráki-Hafen, Plan S. 20/21 c3

Captain Tasos In einem rustikalen Fischkutter geht es raus auf die Ägäis. Jung und Alt dürfen sich im Angeln probieren. Die freundliche Crew stellt Angelausrüstung zur Verfügung, einen Snack für zwischendurch gibt es auch. Anschließend wird der Fang in einem Restaurant gegrillt und gemeinsam verzehrt. ■ Mandráki-Hafen, Tel. 69 49 56 35 78 (mobil), 40 €, erm. 30 €, Plan S. 20/21 c3

Sport

Ideal Rentals Gepflegte Fahrräder und E-Bikes für ausgedehnte Touren entlang der Radwege im Norden und Osten der Insel. Darüber hinaus bieten die freundlichen Inhaber auch motorisierte Fahrzeuge, wie Scooter, Quads und Buggys, an ■ Eth. Antistáseos 57, www.idealrentals.eu, tgl. 9–20 Uhr, City-Bike ab 5 €, Plan S. 20/21 westlich a4

2 Lambí

Lebhafter Vorort von Kos mit Ferienanlagen und Strandbars

Lambí bildet den nordöstlichen Teil von Kos und liegt nur 2 km vom Zentrum der Hauptstadt entfernt. Zahlreiche Hotelanlagen haben sich rund um den Lambí Beach und das Kap Skandári angesiedelt. Vermutlich nicht ohne Grund, denn der Vorort von Kos-Stadt bietet eine zuverlässige touristische Infrastruktur mit Supermärkten, Cafés und Restaurants, Apotheken sowie Fahrrad- und Mietwagenverleihern. Gut ausgebaute Radwege verbinden Lambí mit der Inselhauptstadt und der Nordküste. Am lang gezogenen Kiesstrand stehen Liegen und Schirme für Sonnenanbeter bereit, im Hochsommer wird am Abend an den Stränden ausgelassen gefeiert.

Fast könnte man den geschäftigen Vorort links liegen lassen, wären da nicht die hippen Strandbars, die sowohl

Die Fahrt mit der Bimmelbahn macht Spaß und sorgt für einen ersten Überblick

tagsüber als auch in der Nacht einen Abstecher lohnen.

Verkehrsmittel

City Busse (DEAS) der Linien 2 und 4 verbinden den Stadtteil Lambí mit der Inselhauptstadt.

Restaurants

€–€€ | The Blue Phoenix Gemütliches Strandrestaurant mit Meerblick. Es werden vor allem deftige Grillgerichte sowie Fisch und Meeresfrüchte serviert. ■ Lambí Beach, Tel. 2242027215, tgl. ab 7 Uhr

Kneipen, Bars und Clubs

7 **Mylos Beach Bar** Die stylische Strandbar mit der Windmühle am Eingang liegt am nördlichen Ende des Lambí-Strandes. In gemütlicher Atmosphäre werden leckere Cocktails und griechische Snacks serviert. Auch am Strand kann man sich auf den zur Bar gehörenden Liegen bedienen lassen, während man den Schiffsverkehr auf der Ägäis beobachtet. Die Liegen sind bei einem Mindestverzehr von 5 € kostenfrei. Am Abend legen regelmäßig DJs auf, und es wird ausgiebig gefeiert. ■ Lambí Beach, Tel. 22 42 02 32 35, www.mylosbeachbar.com, tgl. ab 9.30 Uhr

Vor der Kulisse einer alten Windmühle lädt die Mylos Beach Bar in Lambí zur Einkehr ein

Alibaba Beach Bar Moderne Strandbar mit leckeren Frühstücks-Bowls und guten Burgern. Die Sonnenliegen sind kostenfrei, wenn man vor Ort etwas verzehrt. ■ Lambí Beach, Tel. 22 42 04 89 61, tgl. 9–20 Uhr

3 Psalídi

Ferienort am windigen Kap und Paradies für Surfer

Die Ortschaft Psalídi mit dem gleichnamigen Kap liegt im Osten von Kos und besteht ausschließlich aus Hotelanlagen und Tavernen. Im Sommer tummeln sich hier in den All-inclusive-Resorts vor allem Familien mit Kindern.

Der naturbelassene Kiesstrand ist mit Sonnenschirmen und Liegen bestückt, auf dem Wasser fühlen sich bei kräftiger Brise Windsurfer wohl. Im Winter ist der Ort ausgestorben, einzig in den ansässigen Feuchtgebieten, den Psalídi Wetlands, kehrt Leben ein. Der Brackwassersee füllt sich dann mit Wasser und bietet verschiedenen Vogelarten Zuflucht.

Sehenswert

Psalídi Wetlands
| Feuchtgebiet |
Völlig unscheinbar zwischen den Hotelanlagen der Ostküste liegen die Feuchtgebiete von Psalídi. Das Biotop steht unter Naturschutz und ist im Winter ein wichtiger Rückzugsort für Zugvögel, Enten und Flamingos. Der Brackwassersee führt nur von November bis April Wasser und ist umgeben von Schilf und Feuchtwiesen. Die naturbelassene Anlage macht einen etwas verwilderten Eindruck, dennoch lohnt sich vor allem wegen der Ruhe ein Spaziergang entlang des »Eco Path« durch das Schutzgebiet. Im Frühjahr kann man von den Beobachtungstürmen noch Vögel sichten, während im Sommer die Feuchtgebiete ausgetrocknet sind. Das Besucherzentrum an der Spitze des Kaps ist seit Jahren geschlossen, und die Wege sind von der Natur mittlerweile überwuchert. Ein begehbarer Eingang zu den Psalídi Wetlands befindet sich direkt hinter dem Club Marmara Kos.

Verkehrsmittel

City Busse (DEAS) verbinden die Ortschaft Psalídi zuverlässig mit Kos-Stadt. Von Psalídi fahren die Busse au-

Die Ammos Beach Bar verwöhnt Badegäste direkt am Strand mit Cocktails und Snacks

ßerdem weiter über Ágios Fokás bis zur Embrós-Therme.

Gut ausgebaute **Radwege** verbinden Psalídi mit Kos-Stadt. Fahrradverleiher gibt es vor Ort.

Restaurants

€€ | **Taverna Romeo** Familientaverne mit Schwerpunkt auf schmackhaften Grill- und Fischgerichten. Sehr gastfreundliches Team und zwanglose Atmosphäre. ■ Ágioy Thóka (gegenüber TUI Sensimar), Tel. 69 36 81 26 20 (mobil), tgl. 10.30–23 Uhr

Cafés

Tortuga Tiki Café Das kleine Café eignet sich perfekt für einen kurzen Zwischenstopp. Es serviert verschiedene Kaffeespezialitäten, gute Cocktails und Snacks. ■ Psalídi, Tel. 22 42 04 59 04, tgl. ab 6 Uhr

Kneipen, Bars und Clubs

Ammos Beach Cocktail Bar Stylische Strandbar im Lounge-Stil und entspannter Atmosphäre. Während der Saison finden regelmäßig Beach-Partys statt. ■ Psalídi, Tel. 22 42 02 67 54, www.ammos-kos.gr, tgl. ab 10 Uhr (Mitte Mai–Anfang Okt.)

Kinder

Fantasy Mini Golf Kleiner Minigolf-Platz mit verschiedenen Schwierigkeitsgraden. Schöne Lage am Meer mit Kinderspielplatz. ■ Papandréou 27, Psalídi, tgl. 8.30–22 Uhr, 5 €

Sport

Windzone Surf Club Kos An der Spitze des Kaps Psalídi direkt am Strand findet man das Wassersport-Center von George und Agis. Es bietet Kurse für

Kite- und Windsurfen, Privatunterricht und Materialverleih. Sympathisches Team und Top-Service. ■ Kap Psalídi, Tel. 6979723193 (mobil), www.windzone-kos.gr

Kos Divers Das Tauchcenter beim Niriides Beach Hotel in Psalídi bietet begleitetes Schnuppertauchen, PADI-Tauchkurse, Schnorcheln und Scuba Diving an. Im dazugehörigen Shop gibt es Tauchausrüstung und -zubehör. ■ Georgiou Papandreou 24, Tel. 6932155422 (mobil), www.kosdivers.com

4 Ágios Fokás

Abgelegener Küstenweiler mit Militärposten

An der Südostspitze der Insel gelangt man zum Kap Ágios Fokás. Schon von Weitem ist der Militärstützpunkt an der Spitze des Kaps sichtbar, dahinter stehen vereinzelt Hotelanlagen. Die Ansiedlung ist meist nur Durchgangsstation auf dem Weg zur Embrós-Therme.

Verkehrsmittel

City Busse (DEAS) verbinden die Ortschaft Ágios Fokás zuverlässig mit Kos-Stadt. Von hier aus fahren auch Busse bis zur Embrós-Therme.

Sehenswert

Ágios Geórgios
| Kirche |
Ein Kontrastprogramm zur Küste erwartet den Ausflügler im Hinterland von Ágios Fokás. Hier steht einsam die kleine weiße Kirche Ágios Geórgios. Das ganze Jahr über findet man hier einen stillen Ort fernab vom Touristentrubel und die Möglichkeit, einen Einblick in die griechisch-orthodoxe Religion zu erhalten. Das Innere der Kirche zeigt Ikonen und Wandmalereien mit Heiligen. Am 23. April jeden Jahres steppt hier jedoch der Bär, wenn das Kirchweihfest des hl. Georgs (Ágios Geórgios) gefeiert wird.

Kneipen, Bars und Clubs

Ágios Fokás Beach Club Beliebte Strandbar bei Einheimischen mit einfachen Snacks und Getränken. Am grauen Kiesstrand gibt es einen Liegenverleih. ■ Ágios Fokás, Tel. 2242048208, ab 10 Uhr

5 Embrós-Therme

Heiße Naturbadewanne als Touristenattraktion

Der vulkanische Ursprung von Kos beschert der Insel gleich mehrere heiße Thermalquellen, wovon zwei sogenannte Thérma offiziell bekannt sind. Während die Píso-Therme, direkt unterhalb des Díkeos-Gebirges, nur über den Seeweg erreichbar ist, ist die Embrós-Therme ganz im Südosten über

ADAC Wussten Sie schon?

Eine unerwartet hohe **Mobilfunkrechnung** erspart man sich, indem man auf dem Handy das griechische Netz **manuell** auswählt. Das türkische Mobilfunknetz reicht bis nach Kos und zählt nicht zur kostenfreien Roaming-Zone 1, so kann bei automatischer Netzwahl vor allem im Osten und bei der Embrós-Therme mobiles Surfen recht teuer werden.

eine Schotterpiste zugänglich. Sie liegt 12 km von Kos-Stadt entfernt, hinter dem Kap Ágios Fokás. An einem Parkplatz mit Imbiss oberhalb der Küste endet die Asphaltstraße. Von hier aus führt ein steiler, schattenloser Weg etwa 500 m bis zu einem Kiesstrand. Für den Auf- und Abstieg sind festes Schuhwerk, Kopfbedeckung und Trinkwasser erforderlich. Nachdem man den Strand passiert hat, erreicht man das naturbelassene Becken. Der 10 m breite Naturpool ist von Steinen gesäumt und fängt das etwa 49 Grad heiße Thermalwasser, das aus den Bergen kommt, in einem flachen Becken auf. An den Rändern sprudelt das Wasser sogar bis zu 80 Grad heiß aus Felsspalten und mischt sich mit kühlem Meerwasser, das bei Wellengang über die Steine schwappt. Das heiße Thermalwasser ist reich an Mineralien und riecht durch den hohen Schwefelgehalt etwas nach faulen Eiern. Trotz des unangenehmen Geruchs sagt man dem Thermalbad eine therapeutische Wirkung nach, vor allem Erkrankungen der Haut, Atemwege, Gelenke und Muskeln soll es lindern und kurieren.

Ergänzend zum wohltuenden Bad bietet das freundliche Team von Afrodite Massage in einem Holz-Pavillon direkt neben der Embrós-Therme Massagebehandlungen zu fairen Preisen an (15 Min., 10 €). In den Sommermonaten ist die Heilquelle tagsüber stark frequentiert, und es kann in dem kleinen Becken eng werden. Wer dem Ansturm entgehen möchte, besucht die Embrós-Therme in den frühen Morgenstunden oder am späten Abend. Da die Heilquelle keinen Betreiber hat, gibt es weder Mülleimer noch sanitäre Anlagen und Umkleidekabinen vor Ort. Auch die Umgebung wirkt durch die Häuserruinen etwas ungepflegt und heruntergekommen. Man sollte kein luxuriöses Heilbad erwarten. Unten am Strand gibt es eine einfache Taverne, die in der Hauptsaison Sonnenschirme und Liegen vermietet.

■ Ganzjährig zugänglich, Eintritt frei

Wellness in freier Natur: Die Embrós-Therme lockt mit Heilwasser und Massagen

Verkehrsmittel

City Busse der Linie 5 fahren etwa stündlich zwischen 9 und 17 Uhr von Kos-Stadt über Psalídi und Ágios Fokás zur Embrós-Therme und wieder zurück. Die Haltestelle liegt direkt am Parkplatz, an dem der Weg zur Therme hinunterführt.

Parken

Oberhalb der Küste an einem Imbiss gibt es eine große, unbefestigte Parkfläche, die kostenfrei genutzt werden kann. Von hier aus führt der Fußweg hinunter zur Therme.

6 Plátáni

Orientalisches Flair am Rande der Hauptstadt

Auch wenn ein Großteil der 1800 Bewohner mittlerweile einen griechischen Pass besitzt, ist das türkische Flair in Plátáni deutlich spürbar. Die Ortschaft zwischen Kos-Stadt und dem Heiligtum Asklepieion beheimatet die einzige muslimische Gemeinde auf Kos. Hier leben seit vielen Generationen Moslems und orthodoxe Griechen friedlich zusammen. Eine Moschee und eine Kirche gehören zum Ortsbild ebenso dazu wie die von türkischstämmigen Koern geführten Tavernen am Dorfplatz. Die schmackhaften Speisen ähneln den griechischen Gerichten, sind aber bisweilen fantasievoller gewürzt, und der orientalische Einfluss schmeckt deutlich hervor. In der Umgebung gibt es zwei muslimische Friedhöfe, die frei zugänglich sind. Auf alten Grabsteinen findet man noch arabische Inschriften.

Vom arabischen Einfluss zeugt der muslimische Friedhof außerhalb von Plátáni

Verkehrsmittel

City Busse der Linie 3 fahren mehrmals täglich von Kos-Stadt in die Ortschaft Plátáni.

Restaurants

€€ | **Arap** Griechisch-türkische Spezialitäten in urigem Ambiente. Besonders empfehlenswert sind die Vorspeisenplatte und der »Adana Kebab«. ■ Platía Plátáni, Tel. 22 42 02 84 42, tgl. ab 12 Uhr

Cafés

I Paradosi Beliebte Konditorei mit typisch koischen Leckereien wie »baklavá« und »kataífi«. ■ Asklipioy 66, Tel. 22 42 02 14 90, tgl. 8–23 Uhr

7 Asklepieion

2 *Antiker Wallfahrtsort und Heiligtum des Gottes Asklepios*

In der bedeutendsten Ausgrabungsstätte der Insel, ca. 4 km südwestlich von Kos-Stadt, wurde bereits in der Antike Asklepios, der Gott der Heilkunst, verehrt.

Das Asklepieion war Heiligtum, Kurklinik und medizinisches Therapiezentrum und empfing Heilung Suchende Pilger aus dem gesamten ägäischen und kleinasiatischen Raum. Immer in Zusammenhang mit dem Asklepieion gebracht wird der in Kos geborene Arzt Hippokrates. Obwohl vermutlich erst nach seinem Tod gebaut, fand seine Lehre in dem Heiligtum Anwendung. Zu Zeiten Hippokrates waren auf dem bewaldeten Hügel nur ein Tempel und ein Altar vorhanden. Über die Jahre wurde die Anlage terrassenförmig erweitert.

In hellenistischer Zeit erstreckte sich der Gebäudekomplex des Asklepieions über **drei Terrassen**, die durch Freitreppen miteinander verbunden waren. Beim Betreten der Anlage gelangt man über eine große Treppe auf die erste Terrasse des Asklepieions. Die einzelnen Bestandteile werden im Folgenden auf Infotafeln in Englisch und Griechisch erklärt. An einer Zypresse zur Rechten stand einst ein Torbau (Propylon) aus dem 3. Jh. v. Chr., von dem heute nur noch Umrisse zu erkennen sind.

Die **erste Terrasse** des Asklepieions diente dem Kurbetrieb und war von einer dreischiffigen Säulenhalle (Stoa) umgeben. An die Säulengänge schlossen sich Räumlichkeiten an, in denen Patienten untergebracht wurden. Auch befanden sich auf dieser Ebene Lehrräume, darunter eine Ärzteschule sowie ein Museum für Anatomie und Pathologie. Hinter den Resten der Säulengänge entdeckt man eine alte Badeanlage aus römischer Zeit, gut erkennbar an dem Ziegelsteingemäuer. Die erste Terrasse begrenzt eine Mauer mit eingelassenen Bögen, die als Fundament für die zweite Terrasse diente. Früher standen in den Nischen Götterstatuen, linker Hand findet man außerdem noch einen alten Brunnen, dessen Quelle jedoch mittlerweile versiegt ist. Ein Relief des Hirtengottes Pan ist über den Brunnen vage auszumachen. Auf der rechten Seite, neben der Treppe, steht ein Marmorsockel mit griechischen Schriftzeichen, gestiftet von dem Koer Xenophon, einem Leibarzt des römischen Kaisers Claudius. Er wurde im Asklepieion zum Arzt ausgebildet und spendete einen Teil seines Vermögens an das Heiligtum.

Die **zweite Terrasse** stellt den ältesten Teil der Anlage dar, Funde datieren auf das 4. Jh. v. Chr. zurück. In der Mitte der Terrasse befindet sich ein Asklepios-Altar, auf dem Tiere für die Heilzeremonien geopfert wurden. Rechter Hand stehen zwei Säulen eines Tempels im ionischen Stil aus dem frühen 3. Jh. v. Chr., der ebenfalls dem Gott der Heilkunst Asklepios gewidmet war. Auf der linken Seite wurden sieben korinthische Säulen eines alten Apollon-Tempels wieder aufgerichtet. Bevor man die marmorne Treppe zur obersten Terrasse nimmt, sieht man auf der linken Seite eine halbkreisförmige Exedra aus dem 3. Jh. v. Chr., in deren Nischen Statuen untergebracht waren.

Mehr als 60 Stufen führen hinauf zur **dritten Terrasse** des Asklepieions. Oben angekommen fällt sofort der herrliche Ausblick über die Küstenebene von Kos-Stadt bis nach Kleinasien ins Auge. Die oberste Ebene war wie die erste Terrasse von einer Säulenhalle (Stoa) mit Räumlichkeiten umgeben. In der Mitte thronte einst ein prächtiger großer Marmortempel im dorischen Baustil, der dem Gott Asklepios gewidmet war. Er war eine Kopie des Tempels in Epidauros, nur noch größer und von 104 Säulen umgeben. Einige Podeste der Säulen und ein Altar aus dem 2. Jh. v. Chr. sind noch zu erkennen. In byzantinischer Zeit wurde auf den Ruinen eine christliche Kirche gebaut, ein dazugehöriger Altar mit eingemeißelten Buchstaben wurde bei den Ausgrabungen entdeckt. Hinter dem großen Asklepios-Tempel fand man eine antike Treppe, die in einen

Asklepieíon 2

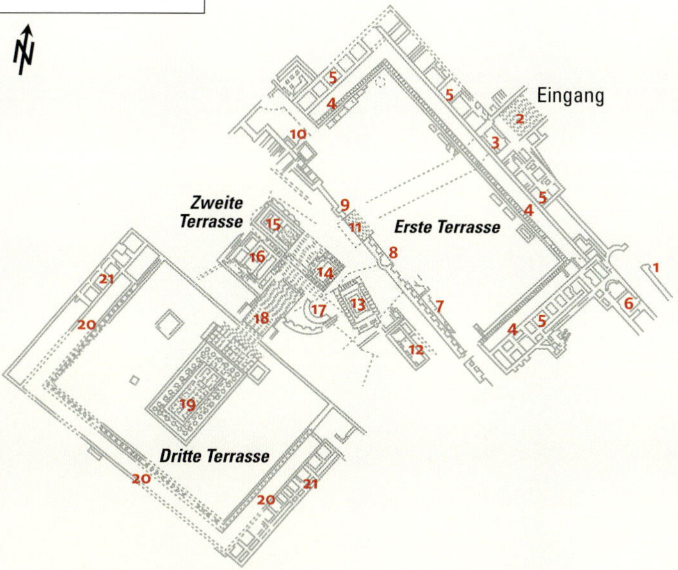

1 Museum
2 Moderne Freitreppe
3 Torbau (Propylon)
4 Wandelhallen
5 Wohn- und Behandlungsräume für Patienten
6 Römische Thermen
7 Mauer mit Nischen
8 Nische mit Pan-Brunnen
9 Nische mit Xenophon-Altar
10 Brunnen
11 Freitreppe
12 Versammlungsraum für Priester (Leschi)
13 Apollon-Tempel
14 Asklepios-Altar
15 Asklepios-Tempel (ionisch)
16 Römische Priesterwohnungen
17 Exedra
18 Freitreppe
19 Asklepios-Tempel (dorisch)
20 Säulenhallen (dorisch)
21 Wohn- und Behandlungsräume für Patienten

Plan S. 41

Im Blickpunkt

Hippokrates von Kos

Der berühmte Sohn von Kos wurde um 460 v. Chr. in der antiken Hauptstadt Astypalaia auf Kéfalos geboren. Hippokrates entsprang der Arztfamilie der Asklepiaden und erhielt von seinem Vater schon früh eine intensive medizinische Ausbildung. Später studierte und lehrte er an den medizinischen Schulen von Kos und Knidos sowie im Asklepieion von Ephesus. Um 420 v. Chr. begab sich Hippokrátes auf ausgedehnte Studienreisen durch Griechenland und Kleinasien. Für Hippokrates gehörten Medizin und Philosophie untrennbar zusammen. Während seiner Reisen beobachtete er die Natur und das Klima sowie die Bräuche der Bevölkerung. Mutter Natur war für Hippokrates der treibende Impuls seiner Arbeit. So war er der Erste, der die Naturgesetze in der wissenschaftlichen Forschung anwendete. Er ging davon aus, dass Krankheiten irdischen Ursprungs sind und natürliche Ursachen haben müssen. Bei seinen Untersuchungen betrachtete er immer den Patienten als Ganzes und nicht nur die Krankheit oder das Organ. Heutige diagnostische Untersuchungsmethoden, wie die Pulskontrolle und die Anwendung des Stethoskops, sind auf ihn zurückzuführen. Hippokrates soll in Larissa mit 90 Jahren gestorben sein. Ein beachtliches Alter in der Antike und ein Beweis dafür, dass er durch seine Lebensweise und seine medizinischen Kenntnisse seiner Zeit weit voraus war. Das Heiligtum Asklepieion von Kos knüpft an die Lehren des Vaters der modernen Medizin an und wurde ihm zu Ehren nach seinem Tod erbaut. Auch die riesige Platane des Hippokrates im Herzen von Kos-Stadt erinnert noch heute an seine Schaffenszeit.

Zypressen- und Pinienwald führte. Der Wald war dem Gott Apollon gewidmet und galt als heilige Stätte. Ein Besuch des Asklepieions empfiehlt sich vor allem in den frühen Morgenstunden oder am späten Nachmittag, dann hält sich die Hitze auf der schattenlosen Anlage etwas in Grenzen, und man kommt außerhalb der Zeiten, in denen die Touristenbusse eintreffen.

■ Tel. 22 42 02 83 26, tgl. 8–19 Uhr, 8 €, erm. 4 €

Verkehrsmittel

Die **City Busse** der Linie 3 halten am Asklepieion.
Die **Bimmelbahnen** (»Trenaki«) von Kos-Stadt machen mehrmals täglich am Asklepieion halt (7 €, erm. 3,50 €).
Mit dem **Fahrrad** sind es etwa 4 km und 20 Min. vom Stadtzentrum in Kos-Stadt. Die Steigung ist moderat und der Weg zum Asklepieion ausgeschildert.

Parken

Vor dem Asklepieion stehen ausreichend kostenfreie Parkplätze zur Verfügung.

In der Umgebung

International Hippocratic Foundation of Kos

| Museum |

Die gemeinnützige Stiftung wurde 1960 gegründet und gibt in einer kleinen Ausstellung bestehend aus vier Räumen Einblicke in die Geschichte der antiken Medizin, erläutert die Lehren von Hippokrates und zeigt Behandlungswerkzeuge und Arzneimittel aus damaliger Zeit. Hinter dem Gebäude liegt ein kleiner Kräutergarten, der je-

Die Palmenallee Finíkon in Kos-Stadt lässt sich auch bequem mit dem Rad erkunden

doch nur im Frühjahr sehenswert ist. Aufgrund der Finanzkrise und damit fehlender finanzieller Mittel konnten in den letzten Jahren leider keine Modernisierungen in dem Museum vorgenommen werden.

■ An der Straße zwischen Platáni und dem Asklepieion, Tel. 22 42 02 21 31, tgl. 9–16 Uhr, 3 €

Mesariano Organic Winery

| Weingut |

Seit über 15 Jahren baut der Familienbetrieb seine Weine der Rebsorte Cabernet Sauvignon biologisch an. Er ist damit eines der ersten ökologischen Weingüter auf dem Dodekánes.

■ Insel-Highway (200 m vor Abzweig zum Asklepieion), www.mesariano.gr, Tel. 22 42 02 59 71, Verkostung nach Voranmeldung

Übernachten

Rund um die Hauptstadt und die Ferienorte an der Ostküste haben sich zahlreiche Hotelketten und exklusive Resorts angesiedelt. Für alle, die städtisches Flair suchen und auf direkten Strandzugang verzichten können, bieten sich die modernen City-Hotels in Kos-Stadt an. Die großen Hotelanlagen rund um Lambí, Psalídi und Ágios Fokás haben sich dagegen vorrangig auf All-inclusive-Gäste eingestellt. Im Hinterland von Kos-Stadt und Psalídi stehen Privatunterkünfte und Apartments für Selbstversorger zur Verfügung.

Kos-Stadt 18

€ | **Milva Apartments** Zeitgemäße und geräumige Ferienwohnungen direkt in der Altstadt, unweit der Platiá Eleftherías, freundlicher Besitzer. ■ Meropidos 2, Tel. 69 36 68 85 04 (mobil)

€ | **Orpheus Studios** Solides Aparthotel in der Nähe der Kos Marina. Die freundlichen Inhaber bieten auch Zimmer mit Meerblick an. ■ Vasíleos Georgíou B & Evrýpylou 2, Tel. 22 42 02 02 10, www.orpheus-studios.gr

€ | **Hotel Afendoúlis** Familiär geführtes Hotel in ruhiger Lage im Herzen von Kos. Zweckmäßig eingerichtete, saubere Zimmer und leckeres Frühstück. ■ Evrýpylou 1, Tel. 22 42 02 53 21, www.afendoulishotel.com

€€ | **Astron Suites & Apartments** Tolles Aparthotel nur 100 m vom Stadtstrand entfernt. Saubere und moderne Apartments mit Küchenzeile. ■ 10 Themistokléous, Tel. 22 42 02 84 01, www.astron-hotel-kos.gr

€€ | **Blue Lagoon City Hotel** Modernes City-Hotel in zentraler Lage mit geschmackvoll eingerichteten Zimmern und Suiten, Pool und Spa-Bereich. ■ Leof. El. Venizélou 73, Tel. 22 42 30 70 70, www.bluelagooncity-hotel.gr

€€ | **Ta Spitákia** Idyllisches Anwesen für Selbstversorger außerhalb von Kos-Stadt mit fünf modernen Ferienhäusern und schönem Garten. Eigenes Fahrzeug ist notwendig. ■ Salaminomáchon (gegenüber dem Kos Tennis Club), Tel. 22 42 02 38 11, www.taspitakia.com

€€€ | **Kos Aktís Art Hotel** Schickes Designhotel direkt an der Wasserfront von Kos-Stadt. Zimmer und Suiten mit Meerblick, reichhaltiges Frühstück. ■ Vasíleos Georgíou V', Tel. 22 42 04 72 00, www.kosaktis.gr

Lambí 33

€€ | **Gaia Garden Hotel** Gepflegtes Hotel im Bungalowstil mit schöner Gartenanlage und Pool. Saubere, teils renovierte Zimmer. 700 m bis zum Strand. ■ Olympías, Tel. 22 42 02 58 04, www.gaia-garden.gr

€€€ | **Aqua Blu Boutique Hotel** Exklusives Boutique-Hotel nur für Erwachsene. Ruhige Lage direkt am Lambí Beach. Zimmer zum Teil mit privatem Pool. ■ Lambí Beach, Tel. 22 42 02 24 40, www.aquabluhotel.gr

€€€ | **Lango Design Hotel & Spa** Erwachsenenhotel am Kap Skandari. Wohlfühl-Oase in schöner Lage mit ausgezeichnetem Frühstücksbüfett.

Nur 50 m vom Strand entfernt. ■ Lambí Beach, Tel. 22 42 04 90 00, www.langohotel.com

€€€ | White Pearls Edles Erwachsenenhotel mit insgesamt zehn Villen, teils mit Whirlpool. Traumhafte und ruhige Lage am Strand von Lambí. ■ Lambí Beach, Tel. 22 42 02 70 00, www.koswhitepearls.gr

Psalídi 35

€ | Seagull Apartments Familiengeführte Ferienanlage mit Pool und schönem Garten. Renovierte und minimalistisch eingerichtete Apartments mit Küchenzeile. ■ Tel. 22 42 02 25 14, www.seagull-kos.gr

€€ | Andromeda Hotel Apartments Gepflegtes Familienhotel mit einfachen Apartments in einer begrünten Anlage mit Pool. 50 m bis zum Psalídi Beach. ■ Vasíleos Georgíou V', Tel. 22 42 02 99 44, www.andromeda-kos.gr

€€ | Mitsis Ramira Beach Hotel All-inclusive-Hotel mit Poollandschaft in Strandlage am Kap Psalídi. Seit vielen Jahren beliebt bei deutschen Urlaubern. ■ Odysséa Elýti, Tel. 22 42 02 28 91, www.mitsishotels.com

€€ | Platánista Hotel Vier-Sterne-Hotel in Strandnähe im mediterranen Stil mit zwei großen Außenpools, Kinderanimation, Fitness- und Wellnesseinrichtung. ■ Karías, Tel. 22 42 02 24 00, www.platanista.gr

Ágios Fokás 37

€€€ | Blue Lagoon Ocean Resort Luxuriöses All-inclusive-Erwachsenenhotel in Strandnähe. Umfangreiches Sport- und Wellnessangebot. ■ Ágios Fokás, Tel. 22 42 44 06 00, www.bluelagoonocean.gr

Platáni 39

€€€ | Mílos Maison Windmühle Wunderschöne restaurierte Windmühle, ideales Hideaway für Paare fernab vom Trubel. Romantische Außenterrasse mit Blick auf Kos-Stadt. ■ Kerámou, Tel. 69 48 00 49 35 (mobil)

ADAC Das besondere Hotel

Albergo Gelsomino, das erste Hotel auf Kos, wurde um 1927 von den italienischen Besatzern als Gästehaus für Offiziere erbaut. Nachdem das architektonische Schmuckstück lange leer stand, hat man es nach aufwendiger Restaurierung 2018 wieder zum Leben erweckt. Das Luxushotel liegt in Kos-Stadt direkt am Meer und bietet acht geschmackvoll eingerichtete Suiten. Auf der schönen Veranda mit Blick über die Ägäis kann man sich kulinarisch verwöhnen lassen. *€€€ | 1 Vas. Georgíou, Tel. 22 42 02 02 00, www.gelsominohotel.com*

Die Bergregion Díkeos

Inmitten von dichten Nadelwäldern finden Ruhesuchende einen idealen Zufluchtsort. In den Bergdörfern warten urige Tavernen auf Gäste

Von weither sichtbar thront das mächtige Bergmassiv des Díkeos an den Südflanken der Insel. Abseits der touristischen Zentren zeigt sich Kos noch weitgehend ursprünglich und authentisch. Verschlafene Bergdörfer mit alten Steinhäusern liegen inmitten üppiger Nadelwälder, manche blieben bis heute vom Fremdenverkehr größtenteils verschont. Die Bergregion ist vor allem bei Wanderern und Mountainbikern beliebt, die sich auf entlegenen Pfaden in völliger Einsamkeit wiederfinden. Individuelle Entdecker folgen dem Duft der Pinien entlang der Bergstraße von Ágios Dimítrios bis nach Pylí. Der Blick fällt auf Weinhänge und Olivenhaine und gibt ein atemberaubendes Panorama der Küstenebene bis hin zur tiefblauen Ägäis frei. Während man in den urigen Tavernen der Geisterdörfer von Ágios Dimítrios und Paléo Pylí ungestört seinen Kaffee genießen kann, pulsiert auf der Souvenirmeile in Ziá das Leben. Das malerische Bergdorf erlebte in den letzten Jahren einen Tourismusboom. Ruhesuchende zieht es eher nach Evangelístria und Lagoúdi, zwei hübsche Bergdörfer mit markanten blau-weißen Kirchen, die das Fotomotiv vom Griechenland-Urlaub perfekt machen. Am Abend, wenn die Sonne wie ein glutroter Feuerball im Meer versinkt, sitzt man hier oben in den Bergen in erster Reihe und erlebt ein atemberaubendes Spektakel.

In diesem Kapitel:

ADAC Top Tipps:

3 Ágios Dimítrios
| Geisterdorf |
Inmitten von dichtem Nadelwald erwachen alte Häuserruinen zu neuem Leben und empfangen neugierige Besucher. 48

4 Ziá, Bergdorf
| Bergdorf |
Das beliebteste Bergdorf der Insel wird bei Sonnenuntergang zum Urlaubermagnet. 49

5 **Festung Paléo Pylí**
| Ruine |
In einem ehemaligen Piratenversteck mitten in den Bergen genießt man von den Ruinen der alten Festung einen traumhaften Ausblick. 57

ADAC Empfehlungen:

8 **Metoxi, Ziá**
| Taverne |
In der höchsten Taverne der Insel wird deftige Hausmannskost serviert. 50

9 **The Watermill of Ziá**
| Snackbar |
Hausgemachte Limo in der griechischen Villa Kunterbunt. 51

10 **Aegean Blue Art Shop, Ziá**
| Geschäft |
Handgefertigter Schmuck und schöne Accessoires, die sich jeder leisten kann. 51

11 **Díkeos**
| Gipfel |
Der höchste Berg der Insel verspricht Traumblicke. 52

12 **Kímissis tis Theotókou, Lagoúdi**
| Kirche |
Die blau-weiße Kirche ist eine Ikone der Bergregion. 54

8 Ágios Dimítrios

3 *Ein vergessenes Dorf erwacht zum Leben*

Einsam in den Bergen stößt man inmitten von dichtem Nadelwald auf ein paar Häuserruinen. Bis 1950 wohnten hier die »Haihouten«, eine armenische Familie, die während der osmanischen Besatzung in dem Weiler Zuflucht suchte. Zu Glanzzeiten gab es etwa 35 Häuser und sogar eine Schule. In den Folgejahren verließen die meisten Bewohner das einst 180-Seelen-Dorf aufgrund mangelnder Infrastruktur. Seit ein paar Jahren kehrt wieder Leben in Ágios Dimítrios ein. Einzelne Häuser wurden saniert, und ein uriges »Kafénion« sorgt fürs leibliche Wohl. Noch heute ist der Ort nicht an das Stromnetz angeschlossen, und auch das Handy kann man mangels Empfang ausgeschaltet lassen. Vielleicht genau deshalb versprüht das Geisterdorf einen besonderen Charme.

Sehenswert

Panagía Ágios Dimítros

| Kirche |

Das weiße Kirchlein mit dem schönen Kirchplatz und dem blau-weißen Glockenturm gibt einen herrlichen Anblick ab und bietet dazu ein traumhaftes Panorama der Nordküste. Von hier oben kann man bei guter Sicht bis zur Nachbarinsel Psérimos blicken.

■ Am nördlichen Ortsrand, durchgehend geöffnet, Türen geschlossen halten

Café

Chaichoútes Alex und sein Team haben das Geisterdorf mit ihrem urigen Kafénion wieder zum Leben erweckt. Auf Korbstühlen sitzend genießt man in idyllischer Atmosphäre leckere griechische Vorspeisen und hausgemachte Burger. Freitags finden regelmäßig Abende mit Livemusik statt.

■ Im Ortskern, Tel. 69 32 63 79 05 (mobil), Di–So ab 9 Uhr

Ágios Dimítrios, ein verlassenes Dorf, das langsam aus dem Dornröschenschlaf erwacht

Wandern

An der Kirche Ágios Dimítrios zweigt nördlich ein Schotterweg in die benachbarten Bergdörfer **Asómatos** und **Evangelístria** ab. Die Strecke verläuft durch Nadelwälder und Olivenhaine, vorbei an der kleinen Kapelle Agía Marína und endet am nördlichen Ausgang von Asómatos. Der Rückweg führt über die asphaltierte Bergstraße.

9 Ziá

4 *Populäres Bergdorf mit legendärem Sonnenuntergang*

350 m über dem Meeresspiegel thront umgeben von üppigen Nadelwäldern das höchste Dorf der Insel am Nordhang des Díkeos. Der kleine Ort zählt nur 100 Einwohner, und dennoch hat er es in den letzten Jahren zu einer touristischen Berühmtheit geschafft. Tagtäglich pilgern in der Saison Tausende Urlauber hierher, um am Abend den spektakulären Sonnenuntergang zu bewundern. Die Souvenirläden haben sich auf den Ansturm eingestellt, Ausflugsbusse drängen sich durch die schmalen Gassen, und es entsteht leicht der Eindruck einer überfüllten Touristenattraktion. Dabei ist Ziá ein charmantes Dorf, das entdeckt werden will. Versteckt in den Nebengassen liegen hübsche Cafés, die zum Verweilen einladen. Die Kirche von Ziá oberhalb des Dorfes bietet einen Ort der Stille und einen tollen Ausblick auf die Küste. Auf den Dachterrassen der unzähligen Tavernen von Ziá bekommt man so manche griechische Köstlichkeit serviert. Und für sportlich Aktive wartet der höchste Gipfel der Insel mit einem atemberaubenden Panorama.

Gefällt Ihnen das?

Der **Sonnenuntergang in Ziá** war Ihnen zu viel Trubel? Dann schauen Sie bei der Festung von **Paléo Pylí** (S. 57) oder an der Westküste bei **Ágios Theológos** (S. 94) vorbei, um das romantische Spektakel ganz ungestört zu genießen.

Sehenswert

Kímissis tis Theotókou

| Kirche |

Die farbenprächtige Kirche liegt oberhalb des Dorfes fernab vom Trubel der Hauptmeile. Das Innere des Gotteshauses wurde zwischen 1992 und 1995 aufwendig bemalt, die Wände zieren schöne Fresken im byzantinischen Stil. Die prächtige Ikonostase und die vielen Heiligenbilder geben Besuchern einen anschaulichen Einblick in die griechisch-orthodoxe Religion. Vom Kirchplatz bzw. der vorgelagerten Taverne genießt man überdies einen fantastischen Ausblick auf die Küstenebene sowie die Nachbarinseln Kálymnos und Psérimos.

■ Oberdorf, neben der Taverne Sunset Balcony, tagsüber durchgehend geöffnet

Verkehrsmittel

Überland-Busse (KTEL) fahren 3–4-mal täglich von Kos-Stadt ins Bergdorf Ziá. Die erste Fahrt startet um 7 Uhr morgens ab dem Busbahnhof der Hauptstadt. Der letzte Bus von Ziá geht nachmittags um 15.50 Uhr zurück (einfache Fahrt 2,10 €). Sonntags fahren keine Busse.

Ausflugsbusse steuern Ziá täglich an, einige davon halten zur Mittagszeit im

Grandioses Spektakel der Natur: ein Sonnenuntergang in der Ägäis

Ort, andere zum Sonnenuntergang. Wer Touren bucht, ist jedoch immer zur Rushhour (mittags und abends) in Ziá. Am flexibelsten ist man mit dem **Mietwagen** oder mit dem **Mountainbike**, wobei die serpentinenreiche Straße und die starke Steigung ins Bergdorf Ziá nicht zu unterschätzen sind.

Parken

Der unbefestigte Parkplatz vor dem Ortseingang ist meist völlig ausgelastet. Zur Rushhour ist es schwierig, einen Weg aus dem Verkehrschaos zu finden, da Busse, Mietfahrzeuge und Passanten gleichzeitig die schmalen Straßen blockieren. Alternativ parkt man entlang der Straße am Ortsausgang beim Naturpark Ziá.

Restaurants

8 € | **Metoxi** Die am höchsten gelegene Taverne der Insel ist ein echtes Kleinod mit überwältigendem Ausblick. Der Wirt Michalis ist Koch und Bedienung zugleich. Auf den Tisch kommt schmackhafte griechische Hausmannskost, das Lamm stammt aus eigener Haltung. Die Anfahrt zur Taverne ist nur mit einem geländetauglichen Fahrzeug möglich oder per Fußmarsch von Ziá. ■ Zu Fuß 15 Min. bergauf ab dem oberen Dorfplatz neben der Old House Café Bar, mit Pkw Schotterpiste hinter dem Ortsausgang Ziá, Tel. 69 40 11 58 79 (mobil, nur griechisch), tgl. ab 11 Uhr

€–€€ | **Díkeos** Urige Familientaverne im Herzen von Ziá direkt auf der Touristenmeile. Große Auswahl an deftigen Speisen sowie vegetarischen Gerichten. ■ In der Hauptgasse, Tel. 22 42 06 96 83, tgl. ab 10 Uhr

€–€€ | **Magic Mountain** Geschmackvoll eingerichtete Taverne mit schöner Terrasse zum Sonnenuntergang und frischen hausgemachten Speisen. ■ Ortseingang auf der linken Seite, Tel. 22 42 06 99 82, tgl. ab 12 Uhr

€–€€ | **Oromedon** Restaurant mit mehreren Terrassen und großer Auswahl an griechischen Vorspeisen und guten Weinen. Reservierung empfehlenswert. ■ Ortseingang auf der rechten Seite, Tel. 22 42 06 99 83, www.oromedon.com, tgl. ab 10 Uhr

Cafés

Alchēmeion Niedliches Café versteckt hinter der Souvenirmeile. Idyllisches Ambiente mit Garten und hervorragende Kaffee-Spezialitäten. ■ Fußweg Richtung Kirche, direkt hinter den Souvenirläden auf der rechten Seite, Tel. 22 42 06 95 53, tgl. 9–22 Uhr

9 **The Watermill of Ziá** Kunterbunt dekoriertes Café mit Hippie-Flair, vor allem zum Sonnenuntergang gut besucht. Herrlicher Ausblick auf die Nordküste und die Ägäis. Leckere hausgemachte Limonade, guter Kaffee und köstliche herzhafte und süße Snacks. ■ Fußweg Richtung Kirche, auf der linken Seite, Tel. 69 72 29 21 09 (mobil), tgl. 9–22 Uhr

Old House Cafe Bar Gemütliches Café oberhalb des Dorfes mit schöner Terrasse und rustikalen Holzmöbeln. ■ Im Oberdorf (gegenüber dem Positive Shop), Tel. 69 81 88 14 13 (mobil), tgl. ab 10 Uhr

Einkaufen

10 **Aegean Blue Art Shop** Selbst gemachten Schmuck und kreative Accessoires zu erschwinglichen Preisen bietet die liebenswerte Andrea in ihrem hübschen Atelier direkt am Ortseingang von Ziá an. ■ Am Ortseingang gegenüber dem Parkplatz, tgl. ab 10 Uhr

Delfis Art Studio In der Kunstwerkstatt wird noch selbst getöpfert. Zu erwerben gibt es hochwertige handgefertigte Keramik und geschmackvolle Souvenirs. ■ Unterhalb der Taverne Oromedon, www.delfis.gr, tgl. 10.30–21 Uhr

The Positive Shop »Think positive« ist das Motto dieses originellen Shops mit selbst gemachten Wandbildern, Schmuckstücken aus Treibholz und Schnitzereien. ■ Im Oberdorf gegenüber der Old House Cafe Bar, www.thepositiveshops.com, tgl. ab 9 Uhr (während der Siesta meist geschlossen)

Kinder

Naturpark Ziá Der liebevoll angelegte Naturpark zieht sich einen Hügel hinauf und bietet einen grandiosen Ausblick auf die Küstenebene. Hängemat-

Im Naturpark Ziá zeigt sich die Inselflora noch von ihrer ursprünglichen Seite

ten unter schattigen Bäumen laden zum Entspannen ein. In den Tiergehegen, wo u. a. Esel, Zwergziegen, Schildkröten, Pfaue und Kaninchen leben, können die Kleinen die typische Tierwelt von Kos bewundern. Eine Snackbar und ein Spielplatz sind ebenfalls vorhanden. Idyllischer Platz zum Sonnenuntergang. ■ Ortsausgang, www.kosnaturalpark.gr, tgl. ab 10 Uhr (bis 30 Min. nach Sonnenuntergang), 3 €, erm. 1,50 €

Wandern

Díkeos

| Gipfel |

11 *Den höchsten Berg der Insel erklimmen*

Eine der schönsten Wanderungen auf Kos führt auf den mit 846 m höchsten Gipfel der Insel. Startpunkt ist in Ziá am oberen Dorfplatz. Ein Wegweiser zeigt hier den »Way to the mountain« an. Man folgt dem schmalen Pfad bergauf bis zu einer Weggabelung. Das Schild mit der roten Aufschrift »DIKAIOS« markiert den Wanderpfad. Es geht rechts vorbei an der Kapelle und die kurvenreiche Sandstraße immer bergauf, bis ein Fußpfad nach links abzweigt. Von hier aus weisen rote Markierungen den Weg bis zum Gipfel. Oben angekommen genießt man in absoluter Ruhe ein herrliches Panorama und blickt über die gesamte Nordseite der Insel sowie die Nachbarinseln Kálymnos und Psérimos. Wegen der Mittagshitze sollte man die Tour in den frühen Morgenstunden und nur bei klaren Wetterverhältnissen starten. Festes Schuhwerk, Kopfbedeckung und ein Mindestmaß an Kondition sollten vorhanden sein. Ausreichend Wasser und ein kleiner Snack gehören ebenfalls ins Gepäck. ■ Gesamtstrecke (Auf- und Abstieg) ca. 8 km, Dauer ca. 4–5 Std., Höhendifferenz 500 m

Im Blickpunkt

Tierwelt auf Kos

Die Tierwelt auf Kos ist vielseitiger als ihr Ruf. Vor allem Nutztiere wie Ziegen, Kühe und Esel prägen das Landschaftsbild. Katzen sind in jedem Ort auf Kos zahlreich vertreten und ein beliebtes Fotomotiv. Der Salzsee Alikés (S. 65) ist Heimat von Zugvögeln und Flamingos. Neben Schwalben und Möwen sind auch viele Singvögel auf Kos beheimatet. Über dem Díkeos-Gebirge kreisen Bussarde und Falken, in Felsspalten suchen Fledermäuse Zuflucht. Bei Bootstouren kann man mit etwas Glück Delfine im Meer beobachten. Im Frühjahr sind Scharen fleißiger Bienen an Wildblumen und heimischen Kräutern wie Thymian und Salbei zugange. Rebhühner und Wildkaninchen fühlen sich im Westen von Kos wohl. An Bachläufen wie im Pláka-Wald (S. 76) sind neben Libellen, Fröschen und Eidechsen auch kleine Schildkröten anzutreffen. Hier haben sich zudem zahlreiche Pfauen niedergelassen. Die Wälder sind auch Lebensraum für die Zwergohreule, die kleinste Eule Europas. Ihren markanten Ruf kann man in Sommernächten kilometerweit vernehmen. Selbst Schlangen gibt es auf Kos, die wenigsten bekommen sie jedoch zu Gesicht.

10 Asómatos

Verschlafenes Dorf und einstiger Zufluchtsort

Nur wenige Urlauber führt es während ihrer Zeit auf Kos nach Asómatos. Einst war es eines der größten Dörfer der Insel und Zufluchtsort für Einheimische, die während des Zweiten Weltkrieges vor den Bombenangriffen flohen. Nach dem Krieg und dem Anschluss des Dodekánes an Griechenland verließen die Einwohner zunehmend das Dorf und arbeiteten mit Einzug des Tourismus in den Küstenorten der Insel. So war Asómatos lange Zeit von der Landflucht betroffen, und viele alte Häuser sind seitdem dem Verfall preisgegeben. Seit ein paar Jahren wird jedoch auch in Asómatos fleißig restauriert, und so manches Domizil wurde zum hübschen Ferienhaus umfunktioniert. Immer noch völlig unberührt vom Tourismus bekommt man in Asómatos einen authentischen Einblick in die typische Architektur der Bergdörfer von Kos. Ein Spaziergang durchs Dorf führt entlang gepflasterter Gassen und alter Steinhäuser, die unter Denkmalschutz stehen. Viele Häuserruinen sind mittlerweile von der Natur überwuchert und bieten malerische Fotomotive.

Restaurants

€ | Kazino Urige Dorftaverne direkt hinter der Kirche. Besitzer Dimitri und sein Sohn servieren in Wohlfühlatmosphäre traditionelle griechische Häppchen. ■ Hinter der Dorfkirche, Tel. 69 45 97 78 48 (mobil), tgl. 17–23 Uhr, in der Nebensaison können die Öffnungszeiten abweichen

Kleinod: die Kirche Evangelismós tis Theotókou in Evangelístria

11 Evangelístria

Unscheinbare Ansiedlung mit prächtiger Kirche

Der ruhige Weiler besteht nur aus ein paar einzelnen Häusern und geht nahtlos in den Nachbarort Asómatos über. Beide Orte zählen einige Hundert Einwohner und gehören zur Gemeinde Asfendioú. Herzstück ist die prächtige Kirche direkt an der Abzweigung zum Bergdorf Ziá, deren Fresken im byzantinischen Stil ein Blickfang sind. Die Ortschaft liegt inmitten üppiger grüner Landschaft aus Olivenhainen und Feigenbäumen. Dank des fruchtbaren Bodens und der von der Sonne verwöhnten Lage finden sich hier viele Weinhänge.

Im Blickpunkt

Wenn die Erde bebt

Die Mittelmeerregion zählt zu den seismisch aktivsten Gebieten weltweit. Ursache für die Erschütterungen in der Ägäis sind tektonische Verschiebungen unserer Erdplatten und Vulkanismus. Kos und weitere griechische Inseln liegen auf der Ägäischen Platte. Die südliche Plattenbegrenzung bildet der Hellenische Bogen. Er erstreckt sich von den Ionischen Inseln über Kreta bis nach Rhodos und Kos. Die Afrikanische Platte taucht an dieser Stelle unter die Ägäische Platte ab. In Folge können an dieser Subduktionszone vermehrt Spannungen auftreten, die sich durch Erdbeben und Vulkanausbrüche äußern. Das letzte große Beben auf Kos mit einer Stärke von 6,7 ereignete sich am 21. Juli 2017. Bei einem Erdbeben gilt: Ruhe bewahren! In mehrstöckigen Gebäuden sucht man Schutz unter stabilen Möbeln. Im Freien hält man sich wegen Tsunamigefahr vom Meer fern und sucht freie, erhöhte Plätze auf. Die Bergregion ist damals wie heute ein wichtiger Zufluchtsort.

Sehenswert

Evangelismós tis Theotókou
| Kirche |
Die blau-weiße Kuppel der prächtigen Kirche, die Maria Verkündung geweiht ist, ist in der Bergregion weithin sichtbar. Das prunkvolle Innere mit goldenen Kronleuchtern ist aufwendig bemalt. Zahlreiche Heiligenfresken zieren die Wände. Die 1910 erbaute Kirche hat einen freistehenden Glockenturm.

■ Dorfplatz, meist nur zur Messe oder Feierlichkeiten geöffnet

Restaurants

€ | **Taverne Asfendiou** Bei Nikos und seiner Mama wird deftige griechische Hausmannskost aufgetischt, besonders lecker ist das »moussaka« (Hackfleischauflauf). ■ Neben der Dorfkirche, Tel. 22420673 88, tgl. 9.30–21 Uhr

12 Lagoúdi

Authentisches Dorf für Naturfreunde und Individualisten

Fast würde man auf dem Weg von Ziá nach Pylí unbemerkt durch das 30-Seelen-Dorf fahren, wäre da nicht die überdimensionale Dorfkirche mit ihrer himmelblauen Kuppel. Nur wenige machen in Lagoúdi halt, dabei ist es ein charmantes Bergdorf mit Steinhäusern, in dem die Zeit stehengeblieben scheint. Viele Einwohner leben noch heute von der Landwirtschaft. Lagoúdi ist umgeben von Olivenhainen, Obstbäumen und Weinhängen. Bei einem Spaziergang könnte man meinen, das Dorf sei bis auf ein paar Hühner und Katzen ausgestorben und menschenleer, und doch gibt es hier manch Sehenswertes zu entdecken.

Sehenswert

Kímissis tis Theotókou
| Kirche |
12 *Ein Schmuckstück von nah und fern*
Die Kirche, das Herz des Dorfes, thront auf einem Hügel inmitten von Lagoúdi.

Die blau-weiße Kirche ist wahrlich eine der schönsten auf Kos. Vom Bergdorf Ziá aus fotografiert, fehlt sie auf keinem Fotomotiv. Das Innere der Marienkirche zieren wunderschöne Wandmalereien im byzantinischen Stil. Mit etwas Glück trifft man hier den freundlichen Dorfpriester Kyriákos, der auch einige Zeit in Wilhelmshaven gelebt hat und somit etwas Deutsch spricht. Er liebt seine Kirche und erklärt gerne die einzelnen Heiligenporträts und Darstellungen. Auf dem Kirchhof verkauft die Küsterin Dobrinka aus Bulgarien handgefertigte Stofftierchen für Kinder. Direkt unterhalb der Kirche befindet sich ein Parkplatz, an dem man sein Fahrzeug abstellen kann.
■ Abzweig zum Café Orea Ellas, ganztägig geöffnet, Kirchenspende willkommen

Lagoúdi, ein Farbtupfer zwischen Olivenhainen und Weinbergen

Restaurants

€ | **Granny's Home** Hausgemachter Ziegenkäse in Rotwein und viele weitere köstliche griechische Spezialitäten werden in dieser urigen Familientaverne serviert. ■ Ortseingang Lagoúdi, Tel. 22420 68446, tgl. ab 10 Uhr

ADAC Mittendrin

In Griechenland besitzt der **Namenstag**, der Gedenktag eines Kirchen-Heiligen, meist einen höheren Stellenwert als der eigene Geburtstag. Wichtige Namenstage auf Kos sind der 23. April für Giorgos (hl. Georg), der 24. Juni für Giannis (hl. Johannes) und der 6. Dezember für Nikos (hl. Nikolaus). Gefeiert wird an den Kirchen des jeweiligen Schutzpatrons – Gäste sind herzlich willkommen.

Cafés

Orea Ellas (Beautiful Greece) Gemütliches Art-Café in einem schönen Garten, das von der Flämin Christina betrieben wird. Man sitzt idyllisch auf der Terrasse mit Meerblick und genießt Kaffee, selbst gemachte Limonade und kleine Snacks. Die freundliche Besitzerin verkauft auch Bilder, Schmuck und Möbel. ■ Straße unterhalb der Kirche, Tel. 22420 69004, Fr–Mi 11–22 Uhr

Events

Kirchweihfest Am 7. September jeden Jahres treffen sich die Bewohner von Kos auf dem Kirchplatz in Lagoúdi und feiern bei Tanz und Musik bis in die frühen Morgenstunden.

Im Blickpunkt

Schlemmen wie die Griechen

Eine griechische Mahlzeit ist kein Selbstzweck, sie ist vielmehr Anlass zur Geselligkeit und sympathische Tradition zugleich. In der griechischen »paréa« (Tischgesellschaft) bestellt man gemeinsam, bis nichts mehr auf den Tisch passt. Die klassische Hauptspeise pro Person gibt es nicht, jeder kann von allen Gerichten probieren, die oft zeitgleich und lauwarm serviert werden. Neben einer Vielzahl von überwiegend vegetarischen »mezédes« (Vorspeisen), wie »dolmadákia« (gefüllten Weinblättern) und »saganáki« (Pfannen-Käse) werden auch Fleisch- und Fischgerichte angeboten. Hinzu kommen diverse Dips, wie »skordaliá« (Knoblauch-Creme), »fáva« (Erbsenpüree) oder der Klassiker Tsatsiki. Der obligatorische »choriátiki« (Bauernsalat) mit Tomaten, Paprika, Gurke, Zwiebeln und Feta darf natürlich nicht fehlen. Dazu wird Wasser, Wein und »Ouzo« (Anislikör) oder »Tsipouro« (Tresterbrand) gereicht.

13 Amanioú

Ruhiges Bauerndorf am Fuße des Díkeos

Das unspektakuläre Dorf dient den meisten nur als Durchfahrt von Ziá nach Pylí und ist bisher vom Tourismus völlig unberührt geblieben. Hier bekommt man einen Einblick in das Leben der Landbevölkerung. Ziegen und Hühner kreuzen die schmalen Straßen. Im Hinterland hat sich der Landwirtschaftsbetrieb Pandrosia angesiedelt, der aus Aloe-vera-Pflanzen hochwertige Naturkosmetik von der Insel Kos herstellt. Nur ein paar Meter weiter lohnt sich ein Besuch bei einer der Tierschutzorganisationen von Kos.

Sehenswert

Gasah Greek and Swiss Animal Help
| Tierschutzverein |
Streunende Katzen, ausgesetzte Hundewelpen, dehydrierte Kühe und vernachlässigte Pferde. Wer die Insel besucht, wird sich unweigerlich mit solchen Bildern konfrontiert sehen. Tierliebhaber müssen aber nicht tatenlos zusehen, sondern können aktiv die Tierschutzorganisationen auf Kos unterstützen. Im Hinterland von Amanioú haben die Schweizerin Marion und ihr Team ein Tierasyl geschaffen. Hier kümmern sie sich aufopferungsvoll um verunglückte und kranke Tiere und päppeln sie auf ihrer Farm, die auch den Namen »Stepping Stone« trägt, wieder auf. Sie lassen die Sterilisation von Streunern vornehmen, u.a. im Wäldchen Pláka und vor dem Asklepieion, und bemühen sich um die Weitervermittlung von Hunden und Katzen ins Ausland. Ihr gepflegtes Anwesen kann besucht werden. Die Tierschutzorganisationen auf Kos finanzieren sich ausschließlich durch Spenden.

■ Straße Lagoúdi nach Amanioú, linker Abzweig auf Schotterpiste (Wegweiser »Gasah«), Tel. 69 42 71 61 00 (mobil, 12–13 Uhr), www.gasah.ch, Mo–Do 17.30–18.30 Uhr

14 Paléo Pylí

Piratenversteck und Zufluchtsort in den Bergen

Inmitten von dichtem Nadelwald liegt verborgen hinter einer Bergkuppe das Geisterdorf Paléo Pylí. Der Ort wurde einst von Inselbewohnern gegründet und diente im 15. Jh. dank seiner versteckten Lage als perfekter Schutz vor Piratenangriffen. Die letzten Bewohner verließen um 1830 das Dorf nach einer Choleraepidemie. Bei einem Spaziergang durch Paléo Pylí wandelt man zwischen Häuserruinen und Kirchlein. Die zwei Kapellen Asómati Taxiárches Gavriíl ke Miachaíl und Panagía ton Kastríanón sind noch erhalten. Letztere wird sogar für Kirchweihfeste genutzt, bleibt jedoch meist verschlossen. Schützend auf einem Bergvorsprung stand einst das Herzstück des Dorfes, die byzantinische Festung von Paléo Pylí, von der heute nur noch Ruinen zu sehen sind.

Sehenswert

Festung von Paléo Pylí

| Burgruine |

5 *Einst Verteidigungsposten, heute beliebter Aussichtspunkt*

Im 11. Jh. erbauten die Byzantiner die Burg auf einem Bergvorsprung im Díkeos-Gebirge. Die Festung diente vorrangig als Verteidigungsanlage zum Schutz vor Seeräubern und war von der Küste aus nicht auszumachen. In den folgenden Jahrhunderten übernahmen die Kreuzritter die Festung. Innerhalb der Anlage gibt es ein unterirdisches Tunnelsystem, das noch heute intakt scheint. Einbrüche in den Boden geben einen Einblick in die Unterwelt. Die Burgruine ist frei zugänglich, und der 20-minütige Aufstieg lohnt allein schon wegen der grandiosen Aussicht auf die Küstenebene und die Ägäis. Vom Parkplatz aus geht es bergauf bis zu einer Weggabelung. Links führt der Weg hoch zur Burgruine, rechts gelangt man in das Geisterdorf und zur

Von der Ruine der Festung Paléo Pilí bietet sich ein atemberaubender Panoramablick

rustikalen Taverne Oria. Den Eingang zur Festung markieren Überreste eines steinernen Torbogens. Auf dem Gipfel angekommen weht an der höchsten Stelle die griechische Flagge. Von den Steinbögen und Mauerresten weitet sich der Blick bis zu den Nachbarinseln Kálymnos und Psérimos. Zum Sonnenuntergang herrscht hier eine beinahe magische Stimmung. Doch Achtung! Die gesamte Burgruine ist nicht gesichert, und der Aufstieg erfolgt auf eigene Gefahr.

■ Südlich von Amanioú, Wegweiser nach Paléo Pylí, durchgängig begehbar

Restaurants

€–€€ | **Taverne Oria** Urige Einkehr in völliger Abgeschiedenheit mit grandiosem Weitblick (Sonnenuntergang!) und kuriosem Freiluft-WC. Wirt Giorgos spricht Deutsch und bietet einfache griechische, aber schmackhafte Gerichte an. Dazu süße Kleinigkeiten wie Joghurt mit Honig oder eingelegte Trauben. ■ Gegenüber der Burgruine, Fußweg durch Geisterstadt rechts bergauf, Tel. 69 8176 49 91 (mobil), tgl. ab 10 Uhr

ADAC Wussten Sie schon?

Wer in Griechenland aufs »stille Örtchen« geht, wird mit Verbotsschildern davon abgehalten, das Klopapier in die Toilette zur werfen, dafür steht stets ein Abfalleimer bereit. Die angeblichen Gründe sind verschieden – angefangen vom zu kleinen Abflussrohr über alte Sickergruben bis hin zur Entsorgung im Meer. Besitzen Hotels eigene Kläranlagen, kann das Papier wieder in die Schüssel.

15 Pylí

Große Siedlung in einer grünen Ebene, schöner Dorfplatz mit Kirche

Das größte Dorf in der Bergregion Díkeos zählt knapp 2500 Einwohner und ist von fruchtbaren Feldern umgeben. Nachdem der Ort Paléo Pylí um 1830 wegen einer Choleraepidemie verlassen wurde, siedelten die meisten Bewohner in das heutige Pylí um. Zwischen alten Steinhäusern stehen mittlerweile viele moderne Bauten, und so wirkt der Ort, der sich aus einem Ober- und Unterdorf zusammensetzt, nicht so reizvoll wie andere Bergdörfer auf Kos. Auch touristisch hat Pylí bisher keine große Bedeutung und lockt daher vor allem Individualisten an, die auf der Platiá die Ruhe fernab der Küstenorte genießen. Der Dorfplatz mit seiner schönen Kapelle Evangelístria ist das Herz des Ortes und ein beliebter Treffpunkt der Einheimischen.

Sehenswert

Traditional House

| Museum |

In dem Pylíotischen Haus geben drei möblierte Wohnräume einen Einblick in das traditionelle Leben der Koer vor über 70 Jahren. Ausgestellt sind Einrichtungsgegenstände und Werkzeuge der damaligen Landbevölkerung, die ihren Alltag ohne Strom und fließendes Wasser bestreiten musste.

■ Dorfplatz neben der Kirche, tgl. 9–15 Uhr

Brunnen Pigi

| Brunnen |

Der große Dorfbrunnen von Pylí versorgt die Bewohner mit frischem Quell-

Witzig, bunt und fantasievoll sind die Exponate in Sol's Atelier, der Bus Stop Gallery

wasser, das aus sechs Löwenköpfen sprudelt. Er ist über 400 Jahre alt, und an manchen Stellen zieren ihn alte Inschriften. Er dient jedoch nicht nur der Wasserversorgung, sondern soll laut einer Legende sogar wundertätig sein (s. Kasten S. 60).

■ 150 m westlich vom Dorfplatz

Charmylos Grab

| Gruft |

Oberhalb des Ortskerns stößt man auf Überreste einer hellenistischen Grabkammer aus dem 4. Jh. v. Chr. mit zwölf Grabnischen. Die antike Totenkammer diente als Ruhestätte der Charmyleis, des ersten Herrschergeschlechts der Insel. Über der umzäunten Grabanlage steht eine kleine blau-weiße Kapelle aus byzantinischer Zeit, in der einige Relikte aus der Gruft verbaut wurden.

■ 700 m östlich vom Dorfplatz (ausgeschildert)

Bus Stop Gallery

| Künstleratelier |

Farbenfrohe und surreale Werke mit der unverwechselbaren Signatur »Sol« zieren das Atelier des österreichischen Künstlers Kurt Hlavacek. Herzstück der hübschen Galerie ist das bunt bemalte Motor-Dreirad, drum herum findet man Schmuck, Keramik und Kunstwerke, auch von anderen griechischen Designern aus Kreta und Athen. Es werden auch Malkurse angeboten, das erforderliche Material wird gestellt.

■ 100 m vor dem Dorfplatz, www.busstopgallery.kosweb.com, im Sommer tgl. 9–21 Uhr (Workshops ab 95 €/Tag)

Verkehrsmittel

Überland-Busse (KTEL) fahren 3–4-mal täglich von Kos-Stadt nach Pylí ab 7 Uhr, letzte Fahrt um 15.20 Uhr ab Pylí, sonntags fahren weniger Busse.

Man sagt dem Wasser vom Dorfbrunnen Pigí nach, dass es Herzenswünsche erfüllen kann

Restaurants

€ | **Taverne Drosos** Preiswerte Dorftaverne mit traditionellen griechischen Speisen. Gäste dürfen sich auf Hausmannskost und schmackhafte Gyros- und Grillgerichte in urigem Ambiente freuen. ■ Dorfplatz, Tel. 22 42 04 14 46, tgl. ab 10 Uhr

ADAC Wussten Sie schon?

Paare mit Kinderwunsch sollten die Ortschaft Pylí auf Kos aufsuchen. Hier steht der sagenumwobene **Brunnen Pigí**, der bei mehrfachem Umrunden jene Wünsche erfüllen soll. Um sein Glück zu besiegeln, nimmt man danach noch einen beherzten Schluck von dem Quellwasser, das aus den Löwenköpfen heraussprudelt.

Events

Kirchweihfest Der Namenstag zu Ehren des hl. Georgs (Ágios Geórgios) wird am 23. April jeden Jahres von einem Pferderennen begleitet, danach wird bei Musik und Tanz gefeiert.

In der Umgebung

Hotspot Pylí

| Flüchtlingslager |

Versteckt in Richtung Küste erstreckt sich auf einem Militärgelände eine Container-Siedlung, die 2016 als Auffanglager für Migranten eingerichtet wurde. Mittlerweile leben in der Flüchtlingsunterkunft Tausende Menschen aus verschiedenen Ländern. Tagsüber halten sich manche im Ort Pylí auf und füllen Wasserkanister am Brunnen von Pigí, da die Trinkwasserversorgung im Camp nicht ausreichend ist.

Übernachten

Die Bergregion ist ein Zufluchtsort für Individualisten, die in traditionellen Apartments und komfortablen Ferienhäusern fernab der Touristenhochburgen ihren Urlaub genießen. Die Unterkünfte für Selbstversorger befinden sich oft in liebevoll und aufwendig restaurierten Steinhäusern. Große Villen mit Garten bieten Platz für die ganze Familie und viel Ruhe zum Abschalten. Mittlerweile gibt es auch luxuriöse Boutique-Apartments in exklusiver Lage für höhere Komfortansprüche. Eigene Mobilität ist in den Bergen eine wichtige Voraussetzung, denn zum Meer sind es mit dem Mietwagen etwa 15–20 Min.

Ziá 49

€€–€€€ | **Tramonto Villa** Inhaber Dimitris vermietet ein geschmackvolles Ferienhaus für bis zu sechs Personen mit traumhaftem Ausblick und schönem Garten. ■ Unterhalb von Ziá, Tel. 69 44 51 22 30 (mobil)

€€€ | **Ziá Villas** Das luxuriöse Design-Ferienhaus am Waldrand mit großem Wohnraum bietet einen grandiosen Ausblick sowie einen Kamin und einen Pool. ■ Oberhalb von Ziá, Tel. 69 44 42 57 27 (mobil)

Evangelístria 53

€€–€€€ | **Carpe Diem/Inselblick** Mediterrane Villa in Hanglage mit herrlicher Aussicht auf Berge und Meer. Vier Schlafzimmer bieten Platz für die ganze Familie. Mietwagen empfehlenswert, ca. 10 Automin. bis zum Strand. ■ Zwischen Zipári und Evangelístria, buchbar über Booking.com oder FeWo-direkt

€€€ | **The Olive Branch Villa** Großes Ferienhaus für bis zu zehn Personen mit riesiger Dachterrasse, eingebettet in Olivenhaine und einen Kräutergarten. ■ Zwischen Zipári und Evangelístria, Tel. 69 77 47 92 12 (mobil)

Lagoúdi 54

€–€€ | **Orea Ellas** Neben dem Art-Café vermietet die Flämin Christina auch vier Apartments für zwei bis vier Personen im nostalgisch eleganten Stil. ■ Unterhalb der Kirche von Lagoúdi gelegen, Tel. 22 42 06 90 04

€–€€ | **Mandy Potter's Houses** Töpferin Amanda vermietet zwei geschmackvolle Ferienhäuser in Lagoúdi. Traditionelle Einrichtung, ideal für Selbstversorger. ■ Im Ortskern von Lagoúdi, Tel. 69 36 44 47 72 (mobil)

€€–€€€ | **Villa Lagoúdi Stone House** Freistehendes Steinhaus für bis zu fünf Personen mitten in der Natur mit traditioneller Einrichtung und Meerblick. ■ Außerhalb von Lagoúdi Richtung Amanioú, buchbar über Airbnb oder FeWo-direkt

Amanioú 56

€€€ | **Villa Triantafilia** Große, moderne Villa für bis zu acht Personen am Rande des Dorfes Amanioú. Schöner gepflegter Garten mit toller Terrasse samt Außenküche und Grill. ■ Amanioú, www.therosevillakos.com, E-Mail: info@therosevillakos.com

Der Norden und die Inselmitte

Lebhafte Küstenorte und geschäftige Provinzdörfer, umgeben von einer vielfältigen Naturlandschaft

Kilometerlang zieht sich der Sandstrand von Tigáki bis hinter Mastichári. Weiße Sanddünen reichen bis ins Inland hinein und erinnern so manchen deutschen Urlauber vielleicht an die heimische Nord- und Ostsee. Während in Zipári und Antimáchia die Einheimischen noch unter sich sind, flanieren an Kos' Küsten zahlreiche Urlauber durch die Touristenhochburgen von Kardámena, Marmári und Tigáki. Stets im Blick hat man dabei die Nachbarinseln Kálymnos und Psérimos im Norden und Nísyros im Süden, die zum Greifen nah scheinen. Die gesamte Nordküste war vor 1980 nur spärlich bebaut und wurde hauptsächlich landwirtschaftlich genutzt. Heute haben sich zahlreiche Hotelanlagen in der Gegend angesiedelt, die im Winter völlig ausgestorben scheint. Im Norden weithin sichtbar ist der Salzsee der Region, ein wichtiges Naturschutzgebiet und Rückzugsort für Vögel. Begibt man sich auf eine Radtour entlang der flachen Ebene, kommt man vorbei an Gemüse- und Melonenfeldern, Dattelpalmen und Weinreben. Während sich an den Stränden Sonnenhungrige, Badegäste und Wassersportler tummeln, kann man im Hinterland beim Reiten, Kartfahren oder im Wasserpark einen strandfreien Tag verbringen. Am Abend genießt man in einer der Fischtavernen von Mastichári traditionelle griechische Küche, während man an der Südküste in Kardámena in einer der hippen Bars die Nacht zum Tag machen kann.

In diesem Kapitel:

ADAC Top Tipps:

6 Pfauenwald Pláka
| Naturerlebnis |
Das kühle Wäldchen im Herzen der Insel wird von prächtigen Pfauen bewohnt und ist durch seine bunte Tierwelt und die Ruhe fernab des Trubels ein beliebtes Ausflugsziel. 76

ADAC Empfehlungen:

16 Zipári

Geschäftiger Durchgangsort und Versorgungszentrum

Auf dem Weg nach Kos-Stadt passiert man unweigerlich die Ortschaft Zipári, die direkt am Insel-Highway liegt. Durch die modernen Betonbauten und den regen Durchgangsverkehr wirkt der 3000-Einwohner-Ort zunächst nicht sehr einladend. Dennoch ist Zipári ein wichtiges Versorgungszentrum und Wohnort für viele Einheimische. Obwohl kaum touristisch relevant, finden Urlauber hier Geschäfte der Nahversorgung, wie Tankstellen, Apotheken, Geldautomaten und Supermärkte. In der näheren Umgebung entdeckte man die Ruinen zweier frühchristlicher Basiliken, wovon heute jedoch nur noch spärliche Überreste zu sehen sind. Zipári zeigt sich dem Besucher als typisch griechische Kleinstadt mit Cafés, Tavernen, Kindergärten, Schulen und ganz viel Leben.

ADAC Spartipp

Lebensmittel und Kosmetik sind in den Supermärkten auf Kos meist etwas teurer als in Deutschland. Günstig einkaufen kann man im LIDL-Discounter nahe der Ortschaft Zipári. Preiswertes Obst und Gemüse werden entlang des Insel-Highways von Bauern verkauft.

In der Umgebung

Hatziemmanouíl
| Weingut |

13 *Prämierte Weine von der Insel*

Die 1929 gegründete Kellerei ist das älteste Weingut der Insel, das auf eine lange Familientradition zurückblickt. Eine Führung gibt Einblick in die Produktion, anschließend kann man die verschiedenen Weine verkosten. Auf der schönen Terrasse werden kleine Häppchen zum Wein serviert.

Auf dem Weg von/nach Zipári bietet sich ein Besuch des Weinguts Hatziemmanouíl an

■ Insel-Highway zwischen Linopótis und Zipári, www.hatziemmanouil.gr, tgl. 9–20 Uhr, Nov.–April auf Anfrage, Gratis-Verkostung

17 Tigáki

Beliebter Urlaubsort mit langem Sandstrand für die ganze Familie

Eine schnurgerade Küstenstraße führt vom Insel-Highway bis hinunter ans Meer zur Ortschaft Tigáki. Der einst schmucklose Weiler hat sich in den letzten Jahren immer mehr für seine Besucher herausgeputzt. So findet man mittlerweile auch ansprechende Bars und Cafés, die zum Verweilen einladen. Rund um Tigáki haben sich unzählige Hotels und Pensionen niedergelassen und bieten alles, was das Urlauberherz begehrt. Neben einer Fülle an Tavernen und Restaurants findet man Souvenirläden, Minimärkte, Auto- und Fahrradverleiher sowie Anbieter für Inseltouren. Im Hochsommer füllt sich der breite Sandstrand in Sekundenschnelle, und etliche Sonnenschirme samt Liegen warten auf sonnenhungrige Gäste. Im Hinterland wird nach wie vor Landwirtschaft betrieben. Hier erstrecken sich über weite Flächen Getreide- und Gemüsefelder. Westlich der Ortschaft liegt mit dem großen Salzsee ein einzigartiges Naturschutzgebiet von Kos.

Sehenswert

Salzsee Alikés

| Naturschutzgebiet |

14 *Die einstige Saline ist heute Rastplatz für Zugvögel*

Der große See, der von der Bergregion des Díkeos weithin sichtbar ist, wurde bis in die 1990er-Jahre für den Abbau von Meersalz genutzt. Eine stillgelegte Saline zeugt noch heute davon. Die Natur hat sich diesen einzigartigen Lebensraum zurückerobert. Im Winter und Frühjahr ist der Salzsee, bei den Griechen auch Alikés genannt, reichlich mit Wasser gefüllt. Viele Vogelarten nutzen das Brackgewässer als Brut- und Raststätte, darunter auch Flamingos, die man bis Mai hier zahlreich beobachten kann. Gelegentlich bekommt man die majestätischen Vögel auch in den Sommermonaten zu Gesicht. Dann führt der Salzsee nur noch wenig Wasser und verströmt durch den Faulschlamm einen bisweilen unangenehmen Geruch. Eine unbefestigte Sandpiste führt an den Ufern des Sees entlang, die man jedoch nur im trockenen Zustand befahren sollte.

Alljährlich im Frühjahr versammeln sich Flamingos zum Brüten am Salzsee Alikés

Happy Flamingo Beach

| Strand |

Ruhiger Strandabschnitt hinter dem Salzsee, außerhalb von Tigáki. Der freundliche Besitzer Christos hält sein Revier in Schuss, stellt Sonnenschirme und Liegen (zwei Liegen und Schirm 8 €), kühle Getränke, Strandspielzeug, Luftmatratzen und Stand-up-Paddel zur Verfügung. WC und Dusche sind ebenfalls vorhanden. Der schöne Sandstrand mit etwas Seegras fällt flach ins klare Meerwasser ab und empfiehlt sich daher auch für Familien mit kleineren Kindern.

Verkehrsmittel

Überland-Busse (KTEL) fahren zwischen 8 und 23 Uhr etwa stündlich von Tigáki (Kreisverkehr am Strand) nach Kos-Stadt und wieder zurück. Sonntags fahren weniger Busse (einfache Fahrt 2,10 €).

Ein **Taxi** kostet zum Flughafen ca. 27–30 €.

Parken

Ausreichend kostenfreie, unbefestigte Parkflächen befinden sich am westlichen Ortsausgang hinter dem Artemis Hamam Richtung Salzsee.

Restaurants

€ | Ampéli Uriges Gartenlokal mit einer Fülle von kleinen »mezédes« (Vorspeisen), alle zum Einheitspreis von 3 € pro Teller. In der Hauptsaison ist eine Reservierung empfehlenswert. ■ Östlich von Tigáki (hinter Byron Apartments, ausgeschildert), Tel. 22420 69682, www.ampelirestaurant.gr, tgl. ab 12 Uhr

Cafés

Palapánis Die liebenswerte Familie serviert in ihrem gemütlichen Bäckerei-Café himmlische Crêpes, Pancakes, Waffeln und herzhafte Sandwiches. ■ Hauptstraße (Ortsmitte), Tel. 22420 69106, tgl. 8–23 Uhr

Im Blickpunkt

Weinbau auf Kos

Bereits seit der Antike wird auf Kos Wein gekeltert. Der Arzt Hippokrates verschrieb diesen sogar zur ärztlichen Behandlung. Das sonnige Klima und die fruchtbaren Böden bieten ideale Bedingungen. Mit Beginn der osmanischen Herrschaft zwangen hohe Steuern die Winzer zum Niederlegen ihrer Arbeit. Anfang des 20. Jh. fand eine Wiederbelebung des Weinbaus statt. Seit 1929 produziert die Familie Hatziemmanouíl eigene Weine und ist damit das älteste Weingut der Insel. Heute gibt es sogar fünf Weingüter auf Kos. Selbst Bio-Weine werden angeboten (www.petramarinouwinery.com). Bei der Weinherstellung kombinieren die Winzer traditionelle und moderne Verfahren. So werden etwa die Trauben für Dessertweine geerntet und in der Sonne getrocknet. In den Weinbergen finden sich verschiedene Rebsorten wie Assyrtiko, Malagousia, Grenache und Syrah. Die Weinkultur auf Kos hat sich stets weiterentwickelt, und einige Tropfen zählen mittlerweile zu den europäischen Spitzenweinen.

In der Factory Hatzipetros dreht sich alles um das flüssige Gold der Insel, Olivenöl

Einkaufen

Oil Factory Hatzipetros In der Manufaktur kann man nicht nur hochwertiges Olivenöl von Kos und den Nachbarinseln erwerben, sondern erhält bei einer Führung auch einen Einblick in den Produktionsprozess. Die bei der Herstellung entstehenden Rückstände werden übrigens weiterverwertet: als Humus, Tierfutter und Brennstoff. ■ Insel-Highway (zwischen Tigáki und Marmári), Tel. 2242069528, www.kosoliveoil.com, Mo–Sa 9–20, So 9–13 Uhr

Kneipen, Bars und Clubs

King Size Beach Bar Zwischen Palmen und Bananenstauden genießt man in einem tropischen Innenhof gute Drinks und allerlei Snacks. ■ Uferstraße 500 m östlich vom Ortskern, Tel. 2242068075, tgl. ab 8 Uhr

Kinder

Eine vorgelagerte Sandbank an den Stränden rund um Tigáki und Marmári sorgt für einen sehr flachen Einstieg ins Meer. Kleinkinder können hier nicht nur wunderbar Sandburgen bauen, sondern auch gefahrlos im Wasser planschen.

Entspannung

Artemis Hamam Modernes Hamam und Spa mit verschiedenen Anwendungen für Gesicht und Körper. Das Basis-Paket (Sauna, Dusche, Peeling, Massage) kostet 55 € bei einer Dauer von 90 Min. Online-Reservierung und Shuttleservice verfügbar. Frisiersalon und ein Nagelstudio sind angeschlossen ■ Westlicher Ortsausgang Richtung Salzsee, Tel. 2242067270, www.artemishamam.com, tgl. 9–19 Uhr

ADAC Spartipp

Auch wenn **Sonnencreme** fast überall auf Kos erhältlich ist, sollte man die Tube lieber im heimischen Drogeriemarkt kaufen, denn mit 10 € und mehr ist Sonnencreme um ein Vielfaches teurer als in Deutschland. Alternativ bietet der LIDL-Discounter auf Kos günstige Produkte an, jedoch nur solange der Vorrat reicht.

In der Umgebung

Triantafyllópoulos
| Weingut |
1996 wurden die ersten Weinreben am Fuße des Díkeos-Gebirges gepflanzt. Heute umfasst das Familienweingut etwa 13 ha und produziert jährlich 80 000 Flaschen für den griechischen Markt. Freundliche Mitarbeiter geben auch spontan eine kurze Führung mit anschließender Verkostung der verschiedenen Weinsorten wie Merlot, Chardonnay und Cabernet Sauvignon.

■ Miniéra Asfendioú (Straße nach Lagoúdi), www.koswinery.gr, Mo–Sa 9–17 Uhr, Gratisverkostung

18 Marmári

Der einstige Fischerhafen von Pylí, heute beliebt bei Wassersportlern

Ähnlich wie Tigáki ist auch der Nachbarort Marmári eine Ansiedlung, die fast ausschließlich aus Hotelanlagen besteht. Zwischen landwirtschaftlich genutzten Feldern findet man familiengeführte Aparthotels neben riesigen All-inclusive-Club-Anlagen. Entlang der geraden Stichstraße, die bis zur Küste führt, haben sich einige Shops, Mietwagenfirmen und Ausflugsveranstalter niedergelassen. Tavernen, Cafés und Bars gibt es nur wenige, da die meisten Unterkünfte ihre Gäste voll verpflegen. Wer hier nicht Urlaub macht, könnte die Ortschaft fast links liegen lassen, wäre da nicht der reizvolle Sandstrand, der sich mit seinen weißen Dünen bis weit ins Hinterland ausbreitet.

Sehenswert

Marmári Beach
| Strand |
Zweifellos einer der schönsten Strände auf Kos, wenn auch in den Sommermonaten stark frequentiert. Nicht ohne Grund ist Marmári Beach einer von acht Stränden auf Kos, die das Umweltzeichen der Blauen Flagge für gute Badewasserqualität erhalten haben. Der helle Sand und das türkisblaue Wasser laden zu ausgedehnten Strandspaziergängen und ungetrübtem Badespaß ein. Auch mit kleineren Kindern kann man hier sorglos planschen, da der Strand flach ins Meer abfällt. Zwischen den Sonnenschirmen und Liegen großer Hotelanlagen finden auch Ruhesuchende ein einsames, unbebautes Plätzchen. Surfer und Kiter machen sich hingegen die starken Winde an der Nordküste zunutze.

Verkehrsmittel

Überland-Busse (KTEL) fahren zwischen 8 und 23 Uhr etwa stündlich von Marmári nach Kos-Stadt und wieder zurück. Sonntags fahren weniger Busse (einfache Fahrt 2,10 €).

Ein **Taxi** zum Flughafen kostet ca. 24–27 €.

Restaurants

€–€€ | Taverne Pérasma Familientaverne direkt an der Hauptstraße mit frischen hausgemachten Speisen und Gemüse aus dem eigenen Garten. ■ Insel-Highway, 350 m vor Abzweig nach Mastichári, Tel. 22 42 04 19 00, www.taverna-perasma-kos.gr, tgl. 8–22.30 Uhr

Cafés

Amvrosía Hübsches Café-Bistro, betrieben von einer Frauenkooperative. Es gibt feines Frühstück, Kaffeespezialitäten, kühle Getränke und Snacks. ■ Uferpromenade direkt an der Abbiegung, Tel. 22 42 04 21 77, tgl. 8–23 Uhr

Kinder

Erika's Horse Farm Gepflegter Reitstall mit angeschlossener Café-Bar in einer idyllischen Gartenlounge. Reitunterricht sowie Ausritte am Strand und therapeutisches Reiten. Für Kinder gibt es Ponyreiten (30 Min., 20 €) sowie Spielplatz und Farmtiere. ■ Poseidónos, Marmári, Tel. 22 42 06 86 81, www.erikashorsefarm.gr, tgl. 9–21 Uhr

Marmári Go-Kart Center Fahrspaß auf einer 750 m langen, gepflegten Kartbahn. Für die Kleinen gibt es sogar Elektro- und Mini-Karts sowie eine separate Rennstrecke. 15 Min. Fahrt mit normalem Kart kosten 16 €, Mini-Kart 14 €. ■ Zwischen Marmári und Tigáki, Tel. 22 42 06 81 84, www.marmarigokartcenter.com, tgl. 9.30–22 Uhr

Sport

Fun2Fun Familiengeführte Wassersportstation am Ortsrand von Marmári. Das professionelle und freundliche Team bietet Kurse in den Bereichen Windsurfen, Kiten und Katamaran an. Außerdem können SUP-Boards und Kanu ausgeliehen werden. ■ Am westlichen Ortsrand (gegenüber dem Grecotel Royal Park), Tel. 69 42 69 55 76 (mobil), www.fun2fun-kos.com, tgl. 10–18 Uhr

Feinster Sand, beste Wasserqualität: kein Wunder, dass Marmári Beach so beliebt ist

Marmári Windsurfing Center Surfschule im Herzen von Marmári, Einsteigerkurse für Windsurfer sowie Materialverleih. SUP-Boards und Kanus stehen ebenfalls zur Verfügung. ■ Im Ortskern, Tel. 6940607280 (mobil), www.marmari-windsurfing.com, tgl. 10–18 Uhr

19 Mastichári

Lebendiger Hafenort mit Unterkünften für Individualisten

Das einstige Fischerdorf an der Nordküste ist heute ein quirliger Badeort mit guter touristischer Infrastruktur. Individualisten finden in Mastichári zahlreiche Privatunterkünfte, darunter Apartments und Studios zur Selbstversorgung. Im Hinterland haben sich größere Hotelanlagen niedergelassen. Entlang der Straße, die zur Küste hinunterführt, sind Supermärkte, Shops und Mietwagenverleiher angesiedelt. An der Uferfront von Mastichári reiht sich eine Taverne an die andere. Die Bewohner, die früher vorrangig von der Fischerei lebten, bieten in ihren Lokalen noch heute vor allem Fisch und Meeresfrüchte an. Markant ist der Anlegekai des Ortes, hier setzen Ausflugsschiffe und Autofähren auf die Nachbarinseln Kálymnos und Psérimos über. Westlich der Ortschaft schließt sich der lange breite Sandstrand an, der sich dünenartig ins Hinterland ausbreitet. Er ist weniger stark frequentiert als seine Nachbarstrände, wenn auch mitunter mit Seegras belastet. Ruhesuchende finden am Mastichári Beach immer ein freies Plätzchen. Schöne Strandbars sorgen rund um die Ortschaft für ungetrübtes Urlaubsfeeling.

ADAC Mobil

Der 40 km lange **Insel-Highway** (Od. Ko-Kefálou), der den Osten und Westen verbindet, ist die am stärksten befahrene Straße, auf der die meisten Unfälle passieren. Es empfiehlt sich eine defensive Fahrweise am rechten Fahrbahnrand, um schnelleren Verkehrsteilnehmern das Überholen zu ermöglichen. Es finden regelmäßig Geschwindigkeitskontrollen statt.

Sehenswert

Ágios Ioánnis

| Ruinen |

Außerhalb von Mastichári entdeckt man die Überreste einer frühchristlichen Basilika aus dem 5. Jh. Von der einst dreischiffigen Kirche sind noch die Außenmauern sowie ein in den Boden eingelassenes Taufbecken und Bodenmosaike erkenntlich. Die Basilika wurde 1947 vom griechischen Archäologen Anastasios Orlandos entdeckt und freigelegt. Die Ausgrabungsstätte befindet sich oberhalb des Strandes unweit vom Hotel Eurovillage Achilleas und ist über Stufen frei zugänglich.

Verkehrsmittel

Überland-Busse (KTEL) fahren zwischen 8 und 20 Uhr etwa 11-mal täglich von Mastichári nach Kos-Stadt und wieder zurück. Verbindungen von Mastichári zum Flughafen ebenfalls 11-mal täglich. Sonntags fahren weniger Busse (einfache Fahrt 3,20 €). Ein **Taxi** zum Flughafen kostet ca. 15–23 €.

Von der Strandbar TamTam sind es nur wenige Schritte bis ins kühle Nass

Fähren Kos–Kálymnos Ab Mastichári starten mehrmals täglich schnelle Fähren von ANEK und langsame Autofähren von ANEM auf die Nachbarinsel. Erste Fahrt ca. 8 Uhr, letzte Rückfahrt ab Póthia/Kálymnos um 20 Uhr, 6–8 €.

Parken

Ein befestigter Parkplatz befindet sich direkt am Ortseingang, gleich hinter dem Konstantions-Supermarkt. Alternativ nutzt man die unbefestigte Parkfläche am Hafen hinter dem ANEM-Ticket-Schalter.

Restaurants

15 **€ | TamTam** Schönes Restaurant, Strandbar und Café in idyllischer Lage oberhalb des Strandes. Die begrünte Anlage und die gemütlichen Holzmöbel schaffen ein perfektes Urlaubsambiente. Die internationalen Speisen und Getränke sind schmackhaft und obendrein preiswert. Auf dem gepflegten Gelände befinden sich außerdem eine Boutique und ein Spielplatz für die Kleinen. Das Personal ist freundlich und zuvorkommend, spricht englisch und zum Teil auch deutsch. Besonders am Abend ist das Lokal sehr romantisch, wenn die Sonne wie ein roter Ball hinter dem Meer versinkt.

Gefällt Ihnen das?

Sie lieben es, in gemütlichen Strandbars wie dem **TamTam** zu relaxen und die Seele baumeln zu lassen? Dann schauen Sie im Rahmen einer Inselrundfahrt doch mal in der **Mylos Beach Bar** (S. 34) in Lambí oder im **Cavo Greco** (S. 86) auf Kéfalos vorbei.

■ Zwischen Neptune und Marmári Palace Hotel, Tel. 69 44 43 70 27, www.tamtam.gr, tgl. ab 10–24 Uhr

€–€€ | **Traditional House** Urige Familientaverne mit leckeren hausgemachten griechischen Gerichten, die man bei Bedarf direkt in der Küche aussuchen kann. Viele Produkte stammen vom eigenen Bauernhof. ■ Ortseingang in Strandnähe gegenüber dem Kinderspielplatz, Tel. 22420 59158, tgl. ab 10 Uhr

€€ | **Kálymnos by Periklis** Beliebte Fischtaverne mit gemütlichem Ambiente direkt am Hafen, in die auch die Einheimischen gerne einkehren. ■ Direkt am Wendeplatz, Tel. 22420 59197, tgl. ab 12 Uhr

Kneipen, Bars und Clubs

Aplo Beach Bar Direkt hinter den Dünen genießt man in sehr gemütlichem Ambiente kühle Getränke, Kaffee und Snacks mit traumhaftem Meerblick. ■ Ortseingang (in Strandnähe), Tel. 22420 59318, www.aplo-beachbar.com, tgl. ab 10 Uhr

Lovly Bar Abgelegene rustikale Taverne mit urigem Ambiente. Aufgetischt werden einfache, aber frisch zubereitete Speisen. Idyllische Strandlage, besonders schön ist der Besuch abends bei Sonnenuntergang. ■ Hinter dem Kraftwerk, Nähe Kouros Palace, Tel. 69 40 88 62 10 (mobil), tgl. ab 10 Uhr

Kinder

Lido Water Park Mit einem Areal von 75 000 qm einer der größten Wasserparks von Griechenland und ein Paradies für kleine und große Badefreunde. Die gepflegte Anlage bietet neben acht verschiedenen Rutschen, einem Wellenbad und Wasserspielplatz auch ein Schwimmbecken für Erwachsene sowie weitere Attraktionen, die alle von Bademeistern beaufsichtigt werden. Bar und Bistro sind ebenfalls vorhanden. ■ Zwischen Neptune und Marmári Palace Hotel, Tel. 22420 59241, www.lidowaterpark.com, tgl. 10–18 Uhr (Ende Mai–Ende Sept.), 17 €, erm. 13 € (Kinder unter 4 Jahre frei)

Im Blickpunkt

Bewusster Fischkonsum

Wussten Sie, dass nahezu 62 % Prozent der Mittelmeer-Fischbestände als überfischt gelten? In Europa wird mit fast 20 kg pro Jahr doppelt so viel Fisch verzehrt wie noch vor 50 Jahren. Laut WWF hat sich die Fischpopulation in der gleichen Zeit halbiert. Rund 100 Mio. t Fisch werden weltweit jährlich gefangen, etwa 5 Millionen davon im Mittelmeer. Aufgrund der Überfischung werden in Griechenland bereits 66 % der Fische importiert, u. a. aus Ägypten und der Türkei. Nur 34 % der Fische stammen aus inländischen Aquakulturen und Fischerei. Was als »frisch gefangen« ausgelobt wird, muss also nicht einmal aus griechischen Gewässern stammen. Möchten wir unsere Meere retten, hilft es schon, bedrohte Fischarten nicht zu verzehren. Durch bewussten Fischkonsum können sich die Bestände erholen. Der WWF hat dazu einen Fischverzehr-Ratgeber online und als Smartphone-App veröffentlicht (www.fischratgeber.wwf.de).

Der Lido Water Park garantiert kurzweiligen Badespaß für große und kleine Gäste

Events

Kirchweihfest Zu Ehren des hl. Johannes (Ágios Ioánnis) findet alljährlich am 28./29. August in der hübschen Kapelle zwischen den Hotels Kouros Palace und Ammos Resort ein Fest mit Musik und Tanz statt.

Sport

Kitesurfing Kos Wassersport-Station spezialisiert auf Kitesurfing für Anfänger und Fortgeschrittene mit Standorten in Mastichári, Marmári und Kochylari auf Kos. SUP-Boards, Wasserski und anderer Fun-Sport werden ebenfalls angeboten. ■ Mastichári Beach, Tel. 6956122626 (mobil), www.kitesurfingkos.com, tgl. 10–18 Uhr

Lynn Yann Yoga Direkt neben der Tam Tam-Bar gibt Lynn Yoga-Stunden inkl. Meerblick, unabhängig von den Vorkenntnissen. Matten werden bereitgestellt, Handtuch und Wasser sind mitzubringen. ■ TamTam Beach, Tel. 6973 336143 (mobil), www.lynnyannyoga.com, 3–4-mal wöchentlich, 12 €

In der Umgebung

Hippocrates Garden

| Kulturzentrum |

Auf einem unbesiedelten Landstrich der Nordküste gründete die Griechin Julie Zafeiratou das Kulturzentrum zu Ehren des berühmten Inselarztes Hippokrates. Die liebevoll angelegte Anlage ist die Nachbildung einer antiken Siedlung aus dem 5. Jh. v. Chr., zu der Zeit, in der der Vater der modernen Medizin gelebt haben soll. Auf dem Gelände kann man u. a. den Arkadengang der Philosophen, einen Kräutergarten, ein antikes Theater sowie ein zweistöckiges Haus (»oíkos«) besichti-

ADAC Mobil

Auf Kos wird kein **Taxameter** eingeschaltet. Es gelten Fixpreise, die am Taxistand des Flughafens aushängen. Die offizielle Kostentabelle beinhaltet die Hauptstrecken ab dem Flughafen. So kostet eine Fahrt nach Kos-Stadt ca. 37–45 €. Abweichende Fahrten sind verhandelbar (www.kosradiotaxi.gr).

gen. Die verschiedenen Räumlichkeiten geben einen authentischen Einblick in die traditionelle Lebensweise in der Antike. Nach Besichtigung darf man einen Kräutertee aus dem heimischen Garten kosten.

■ Unbefestigte Straße zwischen Mastichári und Antimáchia (nach dem Flughafen ausgeschildert), Tel. 69 95 19 64 13 (mobil), www.hippocratesgarden.gr, tgl. 9–19 Uhr, 5 €, erm. 3 €

20 Antimáchia

Bauernsiedlung und Verkehrsknotenpunkt in der Inselmitte

Im Zentrum der Insel auf einem niedrigen Hochplateau liegt unweit des Flughafens eine der ältesten Siedlungen von Kos. In Antimáchia gehen noch heute viele der 2200 Einwohner der Landwirtschaft und Viehzucht nach. So blieb das große Dorf bisher für den Tourismus recht unbedeutend und ist auf einer Inselrundfahrt meist nur Durchreisestation. Dabei lohnt ein kurzer Abstecher, denn ein traditionelles Wohnhaus und eine funktionierende Windmühle wurden aufwendig restauriert und geben einen Einblick in das Leben der Koer zur damaligen Zeit. Durch das schwere Erdbeben 1933 wurde Antimáchia fast vollständig zerstört, und so prägen heute vor allem moderne Bauten das Ortsbild. In der näheren Umgebung gibt es mit dem wuchtigen Kastell von Antimáchia und dem idyllischen Pláka-Wäldchen noch mehr zu entdecken.

Sehenswert

Mýlos tou Papá

| Windmühle |

16 *Die letzte aktive Windmühle der Insel, einst im Besitz des Pfarrers*

Ein besonderes Schmuckstück wartet auf den Besucher im Ortskern von Antimáchia. Die Mühle des Pfarrers ist mehr als 250 Jahre alt und die letzte funktionierende Windmühle von den ehemals hundert Mühlen in der Region. Sie wurde nach dem Erdbeben 1933 restauriert und nach langem Stillstand in jüngster Zeit wieder in Betrieb genommen. Das hier traditionell hergestellte Mehl verkauft die Inhaberfamilie in ihrem angeschlossenen Shop als Zutat für Kuchen, Gebäck und Plätzchen sowie an Hotelketten auf der Insel. Das Innere der Mühle kann gegen eine Gebühr besichtigt werden. Dabei wird gezeigt, wie das Dach mit bloßer Muskelkraft und einer Eisenstange ge-

Gefällt Ihnen das?

Sie möchten noch mehr von der heimischen Fauna kennenlernen? Dann besuchen Sie den liebevoll angelegten **Naturpark im Bergdorf Ziá** (S. 51) mit seiner bunten Tierwelt oder den **Salzsee Alikés** (S. 65), auf dem Sie mit etwas Glück Flamingos beobachten können.

dreht werden kann, um die Segel am Wind auszurichten.

■ Im Ortskern, Mo–Sa 9–17.30, So 9–15 Uhr, 2,50 €

Paradosiakó Spíti

| Heimatkundemuseum |

Das traditionelle Bauernhaus gegenüber der Windmühle gibt einen Einblick in das Leben der Koer bis in die 1950er-Jahre. Der örtliche Kulturverein von Antimáchia hat das kleine Heimatkundemuseum für Besucher renoviert und umgebaut. In vier Räumen werden typische Einrichtungsgegenstände und festliche Trachtenmode gezeigt, die von Bewohnern gespendet wurden. Mehrere Generationen lebten hier im 19. und 20. Jh. zusammen. Man betritt das Haus über den »salóni«, eine Art Gästezimmer und Schlafzimmer der Kinder, zu erkennen an dem »távlados«, einer podestähnlichen Sitz- und Schlafgelegenheit. Dahinter befindet sich ein Stall, in dem Ziegen und Schafe gehalten wurden. Heute steht hier neben Gefäßen und Geräten ein alter Webstuhl zu Demonstrationszwecken. Der dritte Raum war das Herzstück des Hauses, hier schliefen die Eltern im »krevátos«, einem erhöhten Bett. Darüber hing die »koúnia«, eine Wiege für das Baby. Gegenüber auf dem flachen Podest wurde gekocht und gegessen. Im außenliegenden Wirtschaftsraum waren ein Backofen sowie eine Waschstelle untergebracht.

■ Im Ortskern, Mo–Sa 9–17, So 10–14 Uhr, 1 €

Verkehrsmittel

Überland-Busse (KTEL) fahren 3-mal täglich um 9, 13 und 21 Uhr von Kos-Stadt nach Antimáchia. In die umgekehrte Richtung fahren Busse nur um 7.55 und 15.35 Uhr (einfache Fahrt 3,20 €).

Der **Flughafen** von Kos befindet sich südlich der Ortschaft und ist vom Ortszentrum aus zu Fuß in etwa 15 Min. zu erreichen.

Ausstellungsstücke zu Land und Leuten zeigt das Heimatkundemuseum in Antimáchia

Parken

Ein großer Parkplatz befindet sich direkt gegenüber der Windmühle im Ortszentrum.

Cafés

Special Bäckerei-Café mit allerlei süßen Versuchungen und köstlichen Eissorten in überdimensionalen Portionen und kunterbunten Geschmacksrichtungen. ■ Am südlichen Ortsausgang, tgl. 7–20.30 Uhr

Events

Honig- und Weinfest Im Spätsommer finden in Antimáchia an zwei separaten Terminen ein Honig- und ein Weinfest statt. Da die Termine jährlich abweichen, sollten die genauen Daten in der Touristeninformation in Kos-Stadt erfragt werden.

In der Umgebung

Kástro von Antimáchia

| Festung |

17 *Eine Festung mit wechselnden Besitzern und traumhaftem Ausblick*

Die mächtige Festung liegt außerhalb von Antimáchia auf einer Anhöhe über der Bucht von Kardámena. Die dicken Grundmauern sind noch gut erhalten, und eine Erkundung des Kastells lohnt allein schon wegen des wunderschönen Ausblicks und der Ruhe an diesem Ort. Bereits zu byzantinischer Zeit stand hier eine Festung, die Mitte des 14. Jh. von den Johannitern ausgebaut und erweitert wurde. Sie diente als wichtige Verteidigungsanlage und Rückzugsort vor Piratenangriffen. Nach einem Erdbeben um 1493, bei dem ein Großteil der Anlage zerstört wurde, wurde das Kastell in den folgenden Jahren vom Großmeister Pierre d'Aubusson wiederaufgebaut. Am Eingang erhielt es eine weitere Bastion, zur zusätzlichen Verteidigung der Festung. Mitte des 16. Jh. fiel das Kástro dann in die Hände der Osmanen. Das Innere der Anlage ist mittlerweile von der Natur überwuchert worden. Zwei kleine Kapellen, die Ágios Nikolaos und Agía Paraskeví, sowie eine Zisterne sind noch erhalten. Von der Südspitze hat man bei klarem Wetter einen herrlichen Blick über die darunterliegende Ebene von Kardámena bis zur Nachbarinsel Nísyros. Bisweilen steht direkt am Eingang der ältere Herr Ioannis aus Antimáchia in seiner traditionellen Tracht. Für einen kleinen Obolus erhält man ein Foto mit dem inoffiziellen »Burgwächter«.

■ Am östlichen Ortseingang vor Kaserne (Schild »Castle«), frei zugänglich

Pfauenwald Pláka

| Naturerlebnis |

6 *Duftender Pinienwald bewohnt von prächtigen Pfauen*

Inmitten von karger Landschaft versteckt sich in einer Senke das grüne Pláka-Wäldchen. Die Herzen von Kin-

ADAC Mobil

In Griechenland ist die **Vorfahrtsregel im Kreisverkehr** genau entgegengesetzt. Fahrzeuge, die in den Kreisverkehr einfahren, haben Vorfahrt. Fahrzeuge, die sich bereits im Kreisverkehr befinden, müssen anhalten und Vorfahrt gewähren. Ausnahmen werden durch Stoppschilder gekennzeichnet.

dern und Tierliebhabern schlagen hier höher, denn man ist umgeben von unzähligen Pfauen (und Katzen), die allesamt recht zutraulich sind und neugierig Besucher beäugen. Besonders an einem strandfreien Tag oder im Rahmen einer Inselrundfahrt lohnt ein kurzer Abstecher in den schattigen Pinienwald. Meist trifft man den freundlichen Petros an, er sorgt für das Wohl der Tiere und sammelt Spenden, um Futter zu kaufen und Behausungen für die Katzen zu bauen. Tierschutzvereine der Insel kümmern sich ebenfalls ehrenamtlich um die Kastration der streunenden Vierbeiner, örtliche Schulklassen sammeln regelmäßig Müll, um das Wäldchen sauber zu halten. Bis ins Frühjahr sieht man in einem kleinen Tümpel Wasserschildkröten schwimmen. Sobald die letzten Urlauber zu Saisonende die Insel verlassen haben, gehört das Wäldchen wieder den Einheimischen. Die Bewohner von Antimáchia treffen sich dann jeden Sonntag zum Barbecue und genießen das gemütliche Beisammensein. In den Sommermonaten gibt es mittlerweile einen Kantinenwagen, der Besucher mit kühlen Getränken, Eis und Snacks versorgt.

■ Insel-Highway, Abzweig hinter Flughafen Richtung Kéfalos, frei zugänglich

21 Kardámena

Lebhaftes Touristenzentrum im Süden mit schönem Fischerhafen

Der einstige Fischerort ist heute das touristische Zentrum im Süden von Kos. Auf den ersten Blick wirkt Kardámena durch seine nüchterne Beton-Architektur nicht gerade einladend. Flaniert man jedoch entlang der palmengesäumten Uferpromenade mit ihren bunten Fischerbooten, die in der Hafenmole schippern, gibt man dem Ort vielleicht doch noch eine zweite Chance. Kardámena punktet mit einem verkehrsberuhigten Innenstadtkern und einer Fußgängerzone, in der sich neben zahlreichen Souvenirgeschäften auch geschmackvolle Shops und Boutiquen etabliert haben. Gemütliche Cafés und Tavernen laden zum Verweilen ein. Noch vor Jahren war der Ort fest in der Hand von partyhungrigen Briten, die in den zahlreichen Bars und Diskotheken die Nacht zum Tag gemacht haben. Doch das Image des Küstenortes wandelt sich immer mehr hin zu einem Touristenzentrum für die ganze Familie. Die Nahversorgung ist mit Supermärkten, Apotheken, Miet-

Pinienwald Pláka: Heimat von Katzen, Schildkröten und prächtigen Pfauen

Bunte Fischerboote und Ausflugsboote schaukeln in der Hafenmole von Kardámena

wagenverleihern und Tankstellen optimal. An dem lang gezogenen Sand-Kies-Strand findet jeder ein freies Plätzchen, und das Meer ist hier kaum mit Seegras belastet. An beiden Ortsrändern entstehen immer mehr Hotelanlagen, die den Ort weiterwachsen lassen. Vom Hafen in Kardámena starten täglich Ausflugsboote auf die Nachbarinsel Nísyros (S. 102).

Verkehrsmittel

Überland-Busse (KTEL) fahren zwischen 7.50 und 19.40 Uhr etwa 6-mal täglich von Kardámena nach Kos-Stadt und wieder zurück (einfache Fahrt 3,50 €). Verbindungen von Kardámena zum Flughafen ebenfalls 6-mal täglich (einfache Fahrt 2 €). Sonntags fahren weniger Busse.

Ein **Taxi** zum Flughafen kostet ca. 15–25 €.

Ausflugsboote nach Nísyros starten von Mitte April bis Ende Oktober täglich um 9.30 Uhr ab dem Hafen von Kardámena (einfache Fahrt ca. 8 €). Ein Piratenboot startet etwa 5-mal wöchentlich um 12 Uhr.

Parken

Ein großer unbefestigter Parkplatz befindet sich im Ortskern von Kardámena neben dem Kritikos Supermarkt.

Restaurants

€–€€ | **Thomas Grill & Meze** Schmackhafte Grillgerichte und griechische Vorspeisen mit Hafenblick. Am Abend werden in der dazugehörigen Bar Cocktails serviert. ■ Uferpromenade, Tel. 22 42 09 23 48, tgl. ab 11 Uhr

€–€€ | **Chrisopoulos Taverna** Rustikale Taverne in Strandnähe mit guten

Fischgerichten und griechischen Vorspeisen, ideal für einen Mittagssnack. ■ Am westlichen Ortsausgang, Tel. 2242 092114, tgl. 10–17 Uhr

€€–€€€ | Avli In einem schönen Innenhof werden authentische griechische Speisen aufgetischt. Große Weinauswahl, immer gut besucht. Reservierung empfehlenswert. ■ Pl. Eleftherias, Tel. 2242092100, www.avlirestaurant.gr, tgl. 17–24 Uhr

Cafés

Lovemade Stylische Café-Bar mit gutem Kaffee, feinen Kuchen und kleinen Snacks. Trotz Lage an der Hauptstraße sehr schönes Ambiente und toll zum Frühstücken. ■ An der Hauptstraße gegenüber dem Kritikos Supermarkt, Tel. 2242111375, tgl. ab 7 Uhr

The Garden Grüne Oase inmitten der Stadt, Terrasse mit schattigen Bäumen, gute Kaffeespezialitäten und Snacks, am Abend Cocktails. ■ Im östlichen Ortskern, Tel. 2242092771, www.thegardenbarkos.com, tgl. ab 9 Uhr

Einkaufen

Louis Moderner und ansprechender Shop mit hochwertigen Weinen, Feinkost und Naturkosmetik von lokalen und griechischen Produzenten, schöne Inselsouvenirs. ■ Einkaufsgasse 25is Martíou, Ecke Odós I. Zarafti, tgl. ab 10 Uhr

Meraki Shop Kreative Taschen, Textilien, Schmuck sowie hochwertiges Parfum, made in Greece. ■ Einkaufsgasse 25is Martíou, tgl. ab 10 Uhr

Kneipen, Bars und Clubs

O Dáskalos Uriges griechisches Kafénion mit besonderem Charme vor allem am Abend. Hier treffen sich auch die Einheimischen auf einen Drink. ■ 28is Oktovríou, Tel. 2242092420, tgl. ab 10 Uhr

Treasure Island Bar Chillige Open-Air-Bar mit Livemusik und internationalem Publikum. Gute Cocktails und entspanntes Publikum. ■ Dimokratías, tgl. ab 18 Uhr

Kinder

Aquatica Wasserpark Erlebnisbad mit Rutschen, Wasserspielplatz und Poollandschaft. Café, Sonnenschirme und Liegen. ■ Hinter dem Hotel Atlantica Porto Bello, Tel. 2242092101, www.aquatica.gr, tgl. 10.30–17.30 Uhr, 15 €, erm. 11 €

Events

Kirchweihfest Zu Ehren der Gottesmutter feiert ganz Kardámena am 8. September in der Marienkirche Génesis Theotókou begleitet von Wein, Musik und Tanz.

Sport

Arian Diving Center Tauchschule, die sowohl Kurse für Anfänger als auch für Fortgeschrittene anbietet. Mit dem Boot werden verschiedene Tauchgründe angefahren. ■ Uferpromenade, Tel. 2242092264, www.arian-diving-centre.com, tgl. 9–21 Uhr

Wandern

Nördlich von Kardámena führt ein gepflasterter **Fußweg** hinauf zum Kástro Antimáchia. Die Strecke lohnt vor allem im Frühjahr. Herrliche Ausblicke von der Festung sind garantiert. (3,5 km, 1 Std.)

Übernachten

Die Nord- und Südküste von Kos beheimatet die größte Anzahl an Hotelanlagen der Insel. Rund um Tigáki, Marmári und Kardámena haben sich Clubs, Resorts und Familienhotels in allen Sternekategorien angesiedelt. Viele davon bieten all-inclusive samt Kinderbetreuung sowie ein umfangreiches Animations- und Sportprogramm an. Individualisten zieht es eher ins Hinterland und nach Mastichári. Hier stehen Apartments und Pensionen für Selbstversorger bereit.

Tigáki 65

€ | Tigáki's Star Gepflegte Anlage mit Poolbereich direkt gegenüber dem Salzsee. Die klimatisierten Zimmer mit Balkon sind schon etwas in die Jahre gekommen. ■ Am westlichen Ortsrand, Tel. 22 42 06 95 42, www.tigakisstar.gr

€–€€ | Akti Dimis Kleine Hotelanlage mit Poolbereich direkt am Strand. Ruhig am Ortsrand gelegen bietet es einfache klimatisierte Zimmer. ■ Hauptstraße östlicher Ortsausgang, Tel. 22 42 06 90 92, www.aktidimishotel.gr

€€–€€€ | Gaia In Style 2017 modernisiertes Erwachsenenhotel in Strandnähe mit ansprechendem Poolbereich und sehr geschmackvollen Zimmern. ■ Im Ortskern, Tel. 22 42 06 99 00, www.gaia-hotels.com

€€–€€€ | Sunny Days Renoviertes Familienhotel mit kleinem Pool und ansprechend gestalteten Zimmern. Abwechslungsreiches Frühstück, 900 m bis zum Strand. ■ Hauptstraße (Ortseingang), Tel. 22 42 06 90 91, www.sunnydayshotel.com

Marmári 68

€–€€ | Esperia Familienhotel mit eigenem Pool und Grünanlage. Schöner Bar- und Lounge-Bereich, geräumige Zimmer. ■ Hauptstraße, Tel. 22 42 04 20 10, www.hotelesperiakos.gr

€€ | Palladium Drei-Sterne-Hotel mit liebevoll gepflegter Anlage und schönem Poolbereich. Freundliches und hilfsbereites Personal, die Zimmer sind schon etwas älter. ■ Am östlichen Ortsrand, Tel. 22 42 04 14 07, www.hotelpalladiumkos.gr

€€€ | Caravia Beach Hotel Beliebtes Familienhotel mit Grünanlage und Poolbereich direkt am Sandstrand, All-inclusive-Option und deutschsprachiges Personal. ■ Am östlichen Ortsrand, Tel. 22 42 04 12 91, www.caraviabeach.gr

Mastichári 70

€–€€ | Mastichari Bay Hotel Ein Vier-Sterne-Resort direkt am Meer mit Poollandschaft und gepflegter Gartenanlage. ■ Hauptstraße, Tel. 22 42 05 93 00, www.masticharibayhotel.com

€€–€€€ | Seabreeze Villa Malerisches Ferienhaus mit Pool für bis zu sieben Personen hinter den Dünen von Mastichári. Ruhige Lage außerhalb des Ortes. ■ Am südwestlichen Ortsrand, Mastichári, Tel. 69 06 24 42 76 (mobil), www.kosvilla.com/de

€€–€€€ | Horizon Beach Resort Begrünte Hotelsiedlung in Strandlage mit Poollandschaft. Familienzimmer, mehrere Restaurants sowie Animationsprogramm. ■ Östlich von Masticházi, Tel. 22 42 05 88 00, www.hbr.gr

€€–€€€ | **Neptune Resort, Convention Centre & Spa** Top-Hotel der Insel für einen Rundum-Sorglos-Urlaub. Weitläufige gepflegte Anlage, mehrere Restaurants und Pools. ■ Östlich von Mastichári, Tel. 22 42 05 89 00, www.neptune.gr

Antimáchia 74

€€€ | **Robinson Club Daidalos** Exklusive Clubanlage mit Vollverpflegung über den Klippen der Südküste. Großes Animations- und Sportangebot. ■ Südlich von Antimáchia, Kap Helóna, Tel. 22 42 05 85 00, www.robinson.com

€€€ | **The Three Graces** Drei luxuriöse Boutique-Villen mit privatem Pool in ruhiger Hanglage direkt oberhalb der Küste. Sehr abgelegen, eigenes Fahrzeug notwendig. ■ Straße zum Robinson-Club, Tel. 69 77 72 27 55 (mobil), www.threegracesvillas.com

Kardámena 77

€ | **Philippos Studios & Apartments** Zweckmäßig eingerichtete Apartments mit Küchenzeile. Ruhige Lage am Strand mit kleinem Pool. ■ Nördlicher Ortsrand, Tel. 69 72 07 41 07 (mobil)

€–€€ | **Kalimera Mare** Gemütliches Familienhotel mit Pool am Stadtrand. Funktional eingerichtete Zimmer und gepflegte Außenanlage in Strandnähe. ■ Nördlicher Ortsrand, Tel. 22 42 09 24 32, www.kalimeramare.gr

18 €–€€ | **Nissía Kamáres** Das Aparthotel ist eine begrünte Oase in der Stadt mit wunderschönem Innenhof. Einfache Apartments mit Küchenzeile im Inselstil. An der Poolbar wird auf Wunsch auch Frühstück serviert. ■ Im Ortskern, Tel. 69 36 20 74 28 (mobil), www.nissiakamares.gr

€–€€ | **Olympia Mare** Schönes Aparthotel in direkter Strandlage außerhalb der Stadt. Minimalistische Zimmerausstattung mit Küchenzeile. ■ Südlicher Ortsausgang, Tel. 22 42 09 17 11, www.olympiamare.com

ADAC Das besondere Hotel

Sails on Kos Mitten in der Natur und dabei vollen Komfort genießen? Inhaber Alexis macht es mit seinem glamourösen Camping, auch »Glamping« genannt, möglich. In seiner begrünten Anlage bietet er luxuriöses Übernachten in hochwertigen Safari-Zelten mit integriertem Badezimmer. Sein nachhaltiges Konzept umfasst ein hauseigenes Restaurant sowie ein umfangreiches Aktivprogramm.
€–€€ | Westlich von Marmári, Tel. 69 72 07 00 53 (mobil), www.sailsonkos.com

Halbinsel Kéfalos – der wilde Westen von Kos

Das ursprüngliche Gesicht der Insel, traumhafte Strände und einsame Buchten, umgeben von duftenden Thymiansträuchern

Die Insel Kos sollte man nicht verlassen, ohne einen Abstecher in den Westen gemacht zu haben. Übertritt man den schmalen Isthmus, der den Osten mit Kéfalos verbindet, lernt man die Insel von ihrer ursprünglichen Seite kennen. Kilometerlang ziehen sich reizvolle Sandstrände entlang der Südwestküste bis zur Kéfalos-Bucht. Sie ist eine der schönsten Buchten Griechenlands und gemeinsam mit der kleinen Insel Kastrí ein echtes Postkartenmotiv. Nur der Hafenort Kamári ist bisher touristisch erschlossen, dahinter thront auf einer Anhöhe die Stadt Kéfalos. Einst eine der größten Gemeinden der Insel, hat der Ort heute an Bedeutung verloren und dient vor allem als Wohnort für die Einheimischen. Besucher erwarten eine restaurierte Windmühle und ein schönes Kafeneío. Ein paar Kilometer weiter beginnt die einsame Weite des Südkaps, nur unterbrochen von den Bergen Zini und Látra. Macchia-Büsche und duftende Wildkräuter prägen die unberührte Landschaft. Im äußersten Westen rund um das Kap Kríkelos stehen blau-weiße Kapellen windumtost in völliger Einsamkeit. Hier und da trifft man ein paar Ziegen in dieser wilden Gegend, die über holprige Schotterpisten erkundet werden kann. An der zerklüfteten Küste von Ágios Theológos mit ihren einsamen Buchten scheinen die großen Hotelanlagen im Osten ganz weit weg, und wenn hier am Abend die Sonne hinter dem Meer versinkt, bleibt ein Urlaub auf Kos meist unvergessen.

In diesem Kapitel:

ADAC Top Tipps:

7 Kéfalos-Bucht
| Bucht |
Das Postkartenmotiv von Kos lässt die Herzen von Badeurlaubern und Wassersportlern höherschlagen und verzaubert mit dem vorgelagerten Inselchen Kastrí. 88

8 **Ágios Theológos**
| Küste |

Zwischen den schroffen Klippen der Westküste verstecken sich einsame Badebuchten und ruhige Strände. 94

9 **Kavo Paradiso**
| Strand |

Eine Traumkulisse mit goldenem Sandstrand und türkisblauem Meer, eingerahmt von den mächtigen Felsklippen des Kap Kríkelos. 97

ADAC Empfehlungen:

19 **Magic Beach, Isthmus**
| Strand |

Ein paradiesischer Strand, der zu einem ausgedehnten Spaziergang einlädt. 85

20 **Ágios Stefanos Basilika, Kamári**
| Ruine |

In den Ruinen des alten Gotteshauses kann man seine Badesachen gleich anlassen. 89

21 **Áspri Pétra, bei Kéfalos**
| Höhle |

An diesem einsamen Ort fand man die ersten Spuren menschlichen Lebens auf Kos. 95

22 **White Rock of Kos, Kamári**
| Hotel |

Luxushotel in Hanglage mit traumhaftem Ausblick über die Kéfalos-Bucht. 99

Kéfalos
a
b
c
0
2 km
1
2
3
4
5
6
Kochylari Beach
Limniónas
25
Isthmus von Kéfalos
22
Kap Drépano
White Rock of Kos
22
20
Ágios Stéfanos Basilika
Kástri
Kap Sykofa
Krotíri
152
Kéfalos
24
7
Kéfalos-Bucht
23
Kamári
Kólpos Kéfalou
Ágía Paraskeví
Panagía tis Palatianís
Palátia
Christós
Panagía Ziniótissa
Zini
354
Kap Kata
Kéfalos
21
Áspri Pétra
8
26
Ágios Theológos
Kap Pelli
Kastelli
Látra
426
Ágios Ioánnis Thymianós
Kavo Paradiso Beach
9
Ágios Mámas
27
Kap Krikélos
Südwest-Kap
Ägäisches Meer

22 Isthmus von Kéfalos

Die schmalste Verbindung von Kos entführt auf die ursprüngliche Halbinsel

Weniger als 2 km misst die schmalste Stelle von Kos, die die Halbinsel Kéfalos mit dem Rest der Insel verbindet. Der Isthmus von Kéfalos punktet mit Traumstränden im Südwesten, heller Sand und türkisblaues Wasser sorgen für karibisches Flair. Alle paar Meter führt ein Schild mit vielversprechender Aufschrift zum Meer hinunter: Exotic Beach, Magic Beach, Sunny Beach, Lagada Beach, Markos Beach, Paradise Beach oder Camel Beach? Lassen Sie sich von diesem breiten Angebot nicht überfordern, letztendlich handelt es sich um einen einzigen kilometerlangen durchgängigen Strandabschnitt, der an manchen Stellen eben mehr oder weniger stark frequentiert ist. Die Strände im Norden des Isthmus sind von starken Winden geprägt und ziehen vor allem Kitesurfer an. Nach einem langen Strandtag kann man in gemütlichen Beach-Bars und Restaurants den Abend ausklingen lassen. Die Landschaft der schmalen Landzunge ist vor allem geprägt von der immergrünen Macchia und duftenden Thymianbüschen, aus denen Bienen den schmackhaften Honig gewinnen. Vereinzelt wird noch Landwirtschaft betrieben, Wein und Gemüse werden auf den vulkanischen Böden kultiviert.

ADAC Mittendrin

Bereits in der Antike verwendete der Arzt Hippokrates **Honig** zur ärztlichen Behandlung. Noch heute wird dem Naturprodukt eine gesundheitsfördernde Wirkung nachgesagt. Der Honig von Kos wird aus heimischen Kräutern und Heidekraut gewonnen. Neben der größten Imkerei Melissa produziert die Familie Papavassiliou den schmackhaften Thymian-Honig »Papoúra« von Kéfalos.

Sehenswert

Magic Beach

| Strand |

19 *Kilometerlanger Sandstrand und karibisches Flair*

Gleich zu Beginn des Isthmus ist der Magic Beach einer der ersten Strände mit hellem Sandstrand und einer türkisblau funkelnden Ägäis. Das Wasser ist kristallklar, und der recht steil abfallende Strand frei von Seegras. Eine moderate Anzahl an Strandliegen und Schirmen machen diesen Abschnitt zu einem der ruhigsten entlang der langen Strandmeile der Südwestküste. Eine Stranddusche sowie eine gute Taverne vor Ort stehen zur Verfügung. Zwei Liegen mit Schirm kosten ca. 8 €.

■ Abzweig Insel-Highway (ausgeschildert)

Traditional House of Kéfalos

| Heimatmuseum |

Die liebenswerten Inhaber Anna und Michalis haben auf ihrem Grundstück ein traditionelles Haus nachgebaut und mit Einrichtungsgegenständen von anno dazumal ausgestattet. Besucher erhalten bei einer kleinen Führung einen authentischen Einblick in das Leben der Koer vor über 50 Jahren. Die Familie betreibt in ihrem idyllischen Innenhof mit Garten außerdem eine urige Café-Taverne, serviert hausgemachte Kaltgetränke und leckere

griechische »mezé« unter einem Dach aus Weinreben.
■ Insel-Highway gegenüber Markos Beach, Tel. 69 45 88 84 60 (mobil), tgl. ab 10 Uhr, 2 €

Paradise Beach

| Strand |
Der lebendigste Strandabschnitt von Kéfalos bietet neben zahlreichen Strandliegen und Schirmen in der Hauptsaison eine Wasserhüpfburg und verschiedene Fun-Sportarten wie Wasserski und Parasailing. Vor allem in den Sommermonaten ist das Paradies stark frequentiert und zieht Familien mit Kindern an, da der Strand flach abfällt. Vor Ort gibt es eine Taverne sowie Stranduschen. Am östlichen Strandabschnitt steigen kleine Gasbläschen an die Wasseroberfläche, Zeugen einstiger vulkanischer Aktivität. Zwei Liegen mit Schirm kosten ca. 8 €.
■ Abzweig Insel-Highway (ausgeschildert)

Kochylari Beach

| Strand |
Der lang gezogene flache Strand im Norden des Isthmus ist vor allem bei Kitesurfern beliebt, die hier ideale Windbedingungen vorfinden. An dem ruhigen Strandabschnitt stehen schöne Liegen und Schirme aus Holz bereit.

ADAC Wussten Sie schon?

Wenn im Meer kleine Bläschen in Strandnähe aufsteigen, dann ist das keine Magie, sondern ein Beweis für den vulkanischen Ursprung von Kos. Die Gasbläschen am **Paradise Beach** und die heiße **Embrós-Therme** sind noch heute Zeugen geothermaler Aktivität.

Das Kochylari Beach Restaurant etwas oberhalb des Strandes liefert auf telefonische Bestellung auch Getränke und Speisen direkt ans Meer.
■ Abzweig Insel-Highway nach Tankstelle

Verkehrsmittel

Überland-Busse (KTEL) fahren zwischen 9 und 21 Uhr etwa 5–6-mal täglich von Kos-Stadt bis zum Paradise Beach von Kéfalos und spätestens 18 Uhr wieder zurück (einfache Fahrt 4,80 €). Sonntags fahren weniger Busse.

Restaurants

€–€€ | Kochylari Bar Die freundlichen Besitzer Maria und Nikos servieren in ihrem Diner oberhalb vom Kochylari Beach leckere griechische und internationale Speisen. ■ Ortseingang nach Tankstelle (ausgeschildert), Tel. 22 42 07 30 69, tgl. ab 10.30 Uhr

€€ | Jenny Camel Hervorragende griechische Speisen und Grillgerichte, in das Lokal mit Traumausblick kehren auch die Einheimischen ein. ■ Abzweig Camel Beach, Tel. 69 08 85 97 88 (mobil), tgl. ab 9 Uhr

Kneipen, Bars und Clubs

Cavo Greco Stylische Strandbar in traumhafter Lage oberhalb vom Sunny Beach. Schmackhafte Speisen und Getränke, freundliches Personal. ■ Abzweig Sunny Beach (ausgeschildert), Tel. 69 78 28 57 02 (mobil), tgl. ab 10 Uhr

Taverna Magic Beach Rustikale Strandtaverne mit einfachen griechischen Speisen und herrlichem Blick. ■ Magic Beach, Tel. 22 42 07 18 942, tgl. ab 10 Uhr

Magic Beach: Den Isthmus von Kéfalos säumen wunderschöne lange Sandstrände

Einkaufen

Melissa Größter Honigproduzent der Insel mit Verkaufsraum und kleinem Café. Der Familienbetrieb bietet verschiedene Honigsorten an, die auf Kos und den Nachbarinseln produziert werden, sowie weitere Produkte (wie Kerzen, Seife, Salbe), in denen das »flüssige Gold« verarbeitet wird. ■ Insel-Highway, Nähe Magic Beach, Tel. 22 42 07 22 60, www.melissa-kos.com, tgl. 9–18.30, Juli–Aug. bis 20 Uhr

Sport

Kohilari Kite Center Surfschule an einem der besten Spots der Insel. Es gibt Kurse für Anfänger und Fortgeschrittene, dazu Verleih von Ausrüstung und Material sowie Stehpaddel. ■ Kochylari Beach, Tel. 69 32 47 40 93, www.kefalos kite.com, tgl. ab 10 Uhr

23 Kamári

Strandsiedlung in der wunderschönen Kulisse einer Traumbucht

Passiert man die letzte Bergkuppe des Isthmus, liegt direkt vor einem das klassische Katalogbild der Insel: die halbkreisförmige Kéfalos-Bucht mit der Felseninsel Kastrí, umgeben von der tiefblauen Ägäis. Auf dem Wasser erspäht man Surfer und Segler, die inmitten einer Traumkulisse die perfekten Windbedingungen nutzen. Dahinter erstreckt sich eine weite flache Ebene, die sich aus dem Fischerhafen Kamári und den Weilern Onia und Kámpos zusammensetzt. Kamári hat sich als Bezeichnung für den Küstenort etabliert, in dem es selbst im Hochsommer noch nicht überlaufen ist. An der Uferstraße mit ihrem lang gezogenen Sandstrand findet man zahlreiche

Tavernen und Cafés, Mietwagenverleiher und Minimärkte haben sich entlang der Hauptstraße nach Kéfalos niedergelassen. Im Hinterland stehen verstreut Apartmentanlagen und kleine Hotels, während auf den dazwischenliegenden Feldern immer noch Landwirtschaft betrieben wird. Hinter der Küstenebene thront auf einem Hochplateau die Stadt Kéfalos. Zahlreiche antike Funde weisen auf die einstige Bedeutung der Halbinsel als größte Gemeinde hin. So findet man überall verstreut mehr oder weniger gut erhaltene Ruinen. Eine der sehenswertesten ist die frühchristliche Basilika Ágios Stéfanos direkt am Meer.

Sehenswert

Kéfalos-Bucht

| Bucht |

7 *Malerische Badebucht mit Felseninsel als Postkartenmotiv*

Die schönste Bucht der Insel zieht sich von der Basilika Ágios Stéfanos bis unter den Berg Zini. Blickpunkt ist die kleine Felseninsel Kastrí mit der blauweißen Kapelle Ágios Nikólaos. Vom Strand in Kamári kann man bei guter Kondition zu dem kleinen Eiland hinüberschwimmen. Am Ende der Bucht befindet sich der Fischerhafen von Kamári, hier starten Touren zu den Nachbarinseln und angrenzenden Stränden. Die Bucht ist auch bei Wassersportlern beliebt, die sich die ablandigen Winde zunutze machen.

ADAC Wussten Sie schon?

Meltémi heißt die mitunter sehr kräftige Brise, die in den heißen Sommermonaten für willkommene Abkühlung und perfekte Windsurf-Bedingungen sorgt. Der Sommerwind der Ägäis bläst zwischen Mai und Oktober auch auf Kos kräftig aus Nordwesten. Er ist trocken und bringt stets heiteres Wetter und klare Sicht.

Im Blickpunkt

Wassersport auf Kos

Kos ist ein windumtostes Eiland und sehr beliebt bei Wind- und Kitesurfern in ganz Europa. Sowohl fortgeschrittene Surfer als auch Anfänger finden hier perfekte Bedingungen. Schönes Wetter ist im Sommer garantiert, und der tägliche Sonnenschein und die warmen Wassertemperaturen sorgen für ein angenehmes Surfer-Flair. Hauptgrund für die Beliebtheit ist aber der Meltémi (s. Kasten oben), ein starker Sommerwind aus nordwestlicher Richtung. Der Wind hält meist einige Tage an und dreht auf eine Stärke von 6 Beaufort hoch. Vor allem Surfprofis tummeln sich dann im Wasser. Nach einigen Tagen schwächt der Meltémi ab und ändert seine Richtung. Dann herrschen optimale Bedingungen für Anfänger. So gibt es auf Kos viele organisierte Windsurf-Zentren, die Kurse für jedes Surfer-Niveau anbieten. Hotspots zum Windsurfen gibt es in Marmári, Mastichári, Kéfalos, Psalídi und Lambí. Kitesurfer finden am Strand von Kochylari und an der Küste von Marmári ihre Reviere.

Ágios Stéfanos Basilika

| Kirchenruine |

20 *Skurrile Freiluftruine und romantisches Plätzchen*

Die Überreste der frühchristlichen Basilika Ágios Stéfanos sind schon über 1500 Jahre alt und liegen auf einem kleinen Felsvorsprung direkt am Meer. Zu erkennen sind nur noch die Grundmauern der dreischiffigen Kirche. Italienische Archäologen haben Anfang des 20. Jh. einige Säulen wiederaufgerichtet, wovon die meisten mittlerweile wieder eingestürzt sind. Ein Taufbecken und Bodenmosaike kann man beim Besichtigen der Anlage ebenfalls noch ausmachen. Am Abend, wenn kaum noch Badegäste vor Ort sind, ist die Stimmung hier besonders romantisch. Dann taucht die Sonne die Kéfalos-Bucht mit der Insel Kastrí in ein magisches Licht.

■ Weg ausgeschildert, Besichtigung frei

Verkehrsmittel

Überland-Busse (KTEL) fahren zwischen 9 und 21 Uhr etwa 5–6-mal täglich von Kos-Stadt nach Kéfalos und spätestens 18 Uhr wieder zurück (einfache Fahrt 4,80 €). Sonntags fahren weniger Busse.

Ein **Taxi** von Kéfalos zum Flughafen kostet ca. 25–33 €.

Cafés

Waffle Art Hübsches Café voller Versuchungen. Es gibt leckere frisch gemachte Waffeln und Pancakes, herzhafte und süße Crêpes und feine Kaffeespezialitäten. Und man wird sehr freundlich bedient. ■ Hauptstraße Richtung Kéfalos, Tel. 69 80 47 46 73 (mobil), tgl. ab 8 Uhr

Die Kéfalos-Bucht: bevorzugtes Revier von Seglern, Windsurfern und Wasserratten

Kneipen, Clubs und Bars

Sydney Bar & Grill Geschmackvolle Bar an der Uferstraße von Kamári mit Meerblick. Deftige Grillgerichte, amerikanisches Fingerfood und gute Cocktails. ■ Uferstraße Kamári, Tel. 69 76 02 52 74 (mobil), tgl. ab 9 Uhr

Erlebnisse

Kamári Boats Inhaber Theo und sein Team bieten Bootstouren auf der Kéfalos-Halbinsel und nach Nísyros an. Besonders beliebt ist das »Fishing BBQ«, wobei man die Mahlzeit zuerst angelt und dann an einem versteckten Strandabschnitt von Kéfalos grillt und verzehrt. ■ Hafen von Kamári, Tel. 69 32 33 26 55 (mobil), ca. 25 €

Sport

Kéfalos Windsurfing Die gepflegte Station des Schweizers Jens am Ágios Stéfanos Beach wurde 1986 gegründet und bietet Materialverleih und Windsurfkurse für Anfänger und Fortgeschrittene sowie Katamarane, Kajaks und SUP an. Durch das Flachwasser und die ablandigen Winde finden Surfer hier ideale Bedingungen vor. Regelmäßig werden in dem familiengeführten Windsurf-Center zudem Yogakurse auf dem Stehpaddel angeboten (www.lynnyannyoga.com). ■ Hauptstraße, Einfahrt vor dem Royal Bay Hotel, Tel. 6977620316 (mobil), www.kefaloswindsurfing.com, tgl. 9–18 Uhr

24 Kéfalos

Geburtsort von Hippokrates und einstige Hauptstadt der Insel

Die städtische Siedlung Kéfalos liegt auf einem Hochplateau über der Küstenebene von Kamári und dient den etwa 2000 Einwohnern vor allem als Wohn- und Rückzugsort. Tourismus spielt hier oben kaum eine Rolle, dafür bekommt man einen authentischen Einblick in das Alltagsleben der Koer. In den verwinkelten Gassen findet man viele kleine Läden, eine prächtige Kirche sowie zahlreiche »kafenía«, in denen die Männer des Ortes »Távli« spielen. Obwohl Kéfalos die älteste

Zum Schutz vor Piraten erbaut: das auf einer Bergkuppe gelegene Kástro von Kéfalos

Siedlung der Insel ist, ist der Ort keine architektonische Schönheit. Durch vergangene Erdbeben wurde ein Großteil der alten Bausubstanz zerstört, heute prägen moderne Betonbauten das Ortsbild. Einst stand an dieser Stelle die antike Inselhauptstadt Astypálea, in der auch der berühmte Arzt Hippokrates geboren wurde. Sie muss prachtvoll ausgesehen haben, wurde jedoch durch kriegerische Auseinandersetzungen und dann schlussendlich um 456 v. Chr. durch einen Erdrutsch fast vollständig zerstört. Archäologen fanden bei Ausgrabungen in der Umgebung Überreste hellenistischer Gebäude, u. a. ein kleines Amphitheater. Mit der Gründung von Kos-Stadt im Osten verlor Kéfalos immer mehr an Bedeutung und blieb ein geschäftiges Bauerndorf. Die vielen Ruinen alter Windmühlen zeugen von der landwirtschaftlichen Nutzung der Gegend. Eine davon wurde jüngst restauriert und bietet Besuchern einen guten Einblick in das traditionelle Leben und Arbeiten der Bewohner.

Sehenswert

Kástro von Kéfalos

| Burgruine |

Direkt am Ortseingang thronen auf einem Bergvorsprung die Ruinen des alten Kástros von Kéfalos. Informationen zu seiner Entstehung sind rar, historische Aufzeichnungen berichten jedoch davon, dass die Festung bereits um das Jahr 1271 zu byzantinischer Zeit existierte. Vermutlich befand sich an dieser Stelle schon in der Antike eine Art Befestigungsanlage zum Schutz vor Angreifern, die gut vom Meer ausgemacht werden konnten. Im 14. Jh. nutzten dann die Kreuzritter die Anlage, verstärkten die Burg und bauten sie weiter aus. Unter den Angriffen der Osmanen hielt die Burg stand und diente als Zufluchtsort für die Bewohner. Zu Beginn des 16. Jh. endete die Herrschaft der Johanniter, und damit fiel die Festung in die Hände der Osmanen, die die Anlage militärisch nutzten. Heute sind nur noch Überreste der Burg auszumachen, vermutlich hat auch Erosion zum Verfall beigetragen. Von der oberen Ebene der Anlage hat man einen herrlichen Blick über die Küstenebene von Kamári. Achtung: Die Burgruine ist nicht abgesichert, und das Betreten erfolgt auf eigene Gefahr.

■ Ortseingang, frei zugänglich, keine Infotafeln

Mylotopi

| Café mit Heimatmuseum |

Das stilvolle Restaurant-Café bietet nicht nur eine übersichtliche Auswahl an leckeren Speisen und Getränken, sondern gewährt in Form eines rekonstruierten Dorfes auch einen Einblick in die traditionelle Lebensweise der Bewohner im 19. Jh. Gegen Gebühr können auf dem Gelände eine restaurierte Windmühle mit Tenne, ein Bauernhaus mit angeschlossener Bäckerei sowie ein Tunnel aus Zeiten italienischer Besatzung besichtigt werden.

■ Nördlicher Ortsausgang, Tel. 22 42 07 30 00, www.mylotopi.com, tgl. ab 8 Uhr, 5 €

Verkehrsmittel

Überland-Busse (KTEL) fahren zwischen 9 und 21 Uhr etwa 5–6-mal täglich von Kos-Stadt nach Kéfalos und spätestens 18 Uhr wieder zurück (einfache Fahrt 4,80 €). Sonntags fahren weniger Busse.

ADAC Mittendrin

Das griechische »kafeneío« ist seit jeher sozialer Mittelpunkt eines Dorfes. Noch heute werden die traditionellen Kaffeehäuser mit den typischen bastbezogenen Holzstühlen meist von älteren Herren besucht, die gesellig bei einem griechischen Kaffee und dem »Távli«-Spiel (Backgammon) zusammensitzen. Eines der ältesten Kaffeehäuser auf Kos, das **Kafenion tis Annas**, befindet sich seit 1890 im Herzen von Kéfalos-Stadt. 2015 wurde es nach Modernisierung als Café-Bar wiedereröffnet.

Ein **Taxi** von Kéfalos zum Flughafen kostet ca. 25–33 €.

Parken

Direkt am Ortseingang gegenüber dem Restaurant Maistrali sowie neben dem Friedhof und vor dem Restaurant Mylotopi befinden sich freie Parkflächen.

Restaurants

€€ | **Taverna Niotis** In der Dorftaverne gibt es keine Karte, serviert wird ein vom Wirt zusammengestelltes Drei-Gänge-Menü, inkl. Getränke etwa 20 € pro Person. ■ Im Ortskern, Tel. 69 44 73 80 60 (mobil), tgl. ab 9 Uhr

Cafés

Kafenion tis Annas (Traditional Coffee Shop) Eines der ältesten Kaffeehäuser auf Kos wurde 2015 liebevoll renoviert und beheimatet nun ein gemütliches Café mit Veranda im Herzen von Kéfalos. ■ Nördlicher Ortskern (Nähe Mylotopi), Tel. 22 42 07 30 12, tgl. ab 10 Uhr

Einkaufen

Deli Gusto Reizvolle Auswahl an Feinkostprodukten und griechischen Spezialitäten – ideal auch als Souvenir oder Mitbringsel für die Daheimgebliebenen. ■ Hauptstraße, Tel. 22 42 07 16 64, tgl. 9–23 Uhr, zur Siesta geschlossen

Events

Kirchweihfest Am 14./15. August findet zu Ehren der Mutter Gottes ein großes Fest in Kéfalos mit Musik und Tanz statt. Natürlich ist auch für Speis und Trank gesorgt.

Deli Gusto bietet alles, was ein Urlauberherz erfreut: Spezialitäten, Feinkost, Souvenirs …

25 Limniónas

Beschaulicher Naturhafen mit Badebuchten und Fischtaverne

Nur wenige Urlauber verirren sich in die Bucht von Limniónas, die im Prinzip nur aus zwei Stränden und einer Fischtaverne besteht. Vor allem Ruhesuchende fühlen sich im einsamen Norden von Kéfalos wohl. Auf dem Weg hinunter zur Bucht kommt man an der fotogenen blau-weißen Kirche von Limniónas vorbei. Unten in der kleinen Hafenmole schippern einige Fischerboote, der danebenliegende schmale Sandstrand ist windgeschützt und durch sein seichtes Wasser auch ideal für Kinder. Ein paar Liegen und Sonnenschirme werden von der darüberliegenden Taverne zur Verfügung gestellt. Auch den Abend kann man hier sehr schön ausklingen lassen, dann versinkt die Sonne hinter der Ägäis und taucht die bizarren Felsformationen von Limniónas in ein warmes Licht.

Restaurants

€€–€€€ | Limnionas Fischtaverne in gemütlichem Ambiente mit Meerblick. Der Fisch ist fangfrisch, die Portionen sind üppig, der Service aufmerksam. Aufgrund des Standortvorteils gehobene Preise. ■ Bucht von Limniónas, Tel. 22 42 30 01 93, tgl. ab 11 Uhr

Cafés

Die Große Mühle Das deutsche Ehepaar Petra und Dietmar servieren in ihrem wunderschönen Windmühlen-Café in idyllischer Lage leckeren hausgemachten Kuchen und Kaffee. ■ 600 m nach Abzweig Limniónas, Tel. 22 42 07 15 42, Do–Di 11.30–18 Uhr

26 Ágios Theológos

8 *Einsame Westküste mit traumhaftem Sonnenuntergang*

Rund um das Kap Katá findet man sich in einer einsamen rauen Gegend wieder. Thymianbüsche prägen das Landschaftsbild, am Meer ragen weiße Sandsteinklippen auf. Ágios Theológos ist mit seinen versteckten Badebuchten, den blau-weißen Kapellen am Wegesrand und dem grandiosen Sonnenuntergang einer der romantischsten Orte der Insel. Ist die Brandung nicht zu stark, kann man an den Stränden von Ágios Theológos und Katá einen ruhigen Badetag genießen. Hohe Wellen sind hier keine Seltenheit, und Profi-Surfer machen sich diese gerne zunutze. Die ansässige Taverne stellt am Strand von Ágios Theológos Liegen und Sonnenschirme bereit und sorgt fürs leibliche Wohl. Und wenn am Abend die Sonne hinter der Ägäis versinkt, beschert das Besuchern magische Urlaubsmomente.

Verkehrsmittel

Die Westküste rund um Ágios Theológos ist nur mit einem eigenen Mietfahrzeug zu erreichen.

Restaurants

€€ | **Ághios Theológos** Einzige Taverne vor Ort mit typisch griechischer Hausmannskost, große Terrasse mit Meerblick (Sonnenuntergang!). In der Hauptsaison meist gut besucht. ■ Ágios Theológos Beach, Tel. 6974503556 (mobil), tgl. 10–21.30 Uhr

Einkaufen

Papoúra Kos In einer Holzhütte verkauft die Familie Papavassiliou aromatischen Honig, der aus wildem Thymian von heimischen Bienen auf der Halbinsel Kéfalos gewonnen wird. Der Geschmack ist unverwechselbar kräftig. Vor Ort kann auch verkostet werden. ■ Straße Richtung Ágios Theológos, Tel. 6945262946 (mobil), tgl. ab 10 Uhr

ADAC Mittendrin

Goodbye Deutschland

Petra und Dietmar, die sympathischen Inhaber des **Cafés Die Große Mühle**, haben sich den Traum vom Leben auf einer griechischen Insel erfüllt. 1997 verbrachten die Zwei aus dem Bergischen Land ihren Urlaub auf Kos und schlossen die Insel von Anfang an in ihr Herz. Nicht einmal ein Jahr später fassten sie den Entschluss, auf die Insel zu ziehen. Ursprünglich hatte das Paar die Idee, eine alte Windmühle auf Kos zu restaurieren. Nach vergeblicher Suche kam Petra auf den Gedanken, eine eigene Mühle zu bauen und ein Café darin zu eröffnen. Dietmar bastelte daraufhin ein Windmühlen-Modell aus Pappe mit den Vorstellungen der beiden. Nachdem sie das passende Grundstück gefunden hatten, begann der Bau ihrer »Großen Mühle«. Seit 2004 genießen Gäste in idyllischer Lage neben Süßspeisen und Getränken vor allem den himmlischen Apfelkuchen, den Petra jeden Morgen aufs Neue bäckt.

Die Westküste bietet dem Sonnenuntergang eine große Bühne. Zuschauer willkommen!

27 Südwest-Kap

Erste Siedlungsspuren in einer unberührten Landschaft

Nirgendwo zeigt sich Kos so ursprünglich wie am südwestlichsten Zipfel der Insel. Einst fand man hier die ersten Siedlungsspuren auf Kos, heute existiert in diesem einsamen Landstrich keine Zivilisation mehr. Die letzte Ortschaft ist das 5 km entfernte Kéfalos, und so trifft man in völliger Abgeschiedenheit lediglich auf ein paar Ziegen, die die holprigen Schotterpisten kreuzen. Den Südwesten rund um das Kap Kríkelos kann man nur mit einem Allradfahrzeug, zu Fuß oder mit dem Mountainbike erkunden. Ein Ausflug lohnt sich, denn am Südwest-Kap bekommt man die Chance, die sonst so touristische Insel von ihrer unberührten Seite kennenzulernen. Inmitten der wilden Natur, die von Macchia-Büschen, duftenden Kräutern und Nadelbäumen dominiert wird, findet so mancher die Ruhe, die es im Sommer in den Küstenorten von Kos nur selten gibt.

Sehenswert

Áspri Pétra

| Höhle |

21 *Steinzeitliche Wohnstätte und Ort der Stille mit Traumblick*

Am Hang des Berges Zini kann man schon von Weitem ein helles Felsenfenster ausmachen. Direkt darunter liegt die prähistorische Höhle Áspri Pétra, was so viel wie »Weißer Stein« bedeutet. In der Jungsteinzeit diente die kleine Höhle den Menschen als Wohnstätte. Zu Beginn des 20. Jh. nahmen italienische Archäologen bei Áspri Pétra Ausgrabungen vor. Dabei fand

Blau-weißer Blickfang und Refugium in einem: Kloster Ágios Ioánnis Thymianos

man Gebrauchsgegenstände aus unterschiedlichen Epochen, wie Tongefäße, Speerspitzen und Mühlsteine aus dem 3. Jt. v. Chr. Es handelt sich dabei um die ältesten Zeugnisse menschlichen Lebens auf Kos. Einige der Fundstücke sind im Archäologischen Museum von Kos-Stadt ausgestellt. Von der damaligen Nutzung des Ortes ist heute nichts mehr zu erkennen. Ein Trampelpfad führt hinauf zur Höhle, in die man über etwas Geröll und Felsen auch hineinklettern kann. Das Innere ist nur wenig spektakulär, viel schöner ist der Ausblick vom darüber liegenden Felsenfenster auf die Südwestspitze, die Ägäis und die Nachbarinseln Nísyros und Gyalí. Für den kurzen Aufstieg ist festes Schuhwerk empfehlenswert.

■ 5 km hinter Kéfalos, linker Abzweig auf Schotterpiste (ausgeschildert), an einem Obelisken rechts bergab halten, nach 600 m ausgeschildert, frei zugänglich

Ágios Ioánnis Thymianos

| Kloster |

An der ehemaligen Klosteranlage endet die recht marode Asphaltstraße. Heute ist das Kloster verlassen, es lohnt sich jedoch ein kurzer Besuch der schönen Kapelle Ágios Ioánnis mit ihren prächtigen Wandmalereien. Den Vorplatz schmückt ein Muster aus Meereskieseln. Vom Kloster genießt man einen herrlichen Ausblick auf die Küstenebene und die tiefblaue Ägäis. In den Sommermonaten befindet sich im hinteren Teil der Anlage unter einer riesigen Platane ein kleines Café, das kühle Getränke und einfache Snacks serviert. Das ganze Jahr über ist das Kloster ein Ort der Stille, nur am 28. August jeden Jahres wird der Anlage wieder Leben eingehaucht, wenn die Koer zum Kirchweihfest bei Wein und Gesang bis in die frühen Morgenstunden feiern.

Kavo Paradiso

| Strand |

9 *Abgelegener Traumstrand mit abenteuerlicher Anfahrt*

Je beschwerlicher die Anfahrt ist, umso mehr wird man belohnt mit einem spektakulären Ausblick auf einen der schönsten Strände von Kos. Kavo Paradiso – der Name ist Programm. Vor der eindrucksvollen Kulisse des Kap Kríkelos schimmert das Meer türkisblau, und der goldene Sandstrand lädt zu einem ausgedehnten Spaziergang ein. Die kleine Strandbar hat nur im Hochsommer geöffnet und vermietet Liegen und Schirme. Der restliche Teil des Strandes ist naturbelassen, im hinteren Abschnitt lässt so mancher auch ganz ungestört alle Hüllen fallen. Für ungetrübte Badefreuden empfiehlt es sich an einem windstillen Tag vorbeizuschauen. An der Südwestspitze weht der Wind bisweilen unbarmherzig stark, was zu Sandverwehungen und hohen Wellen führen kann.

■ Holprige Schotterpiste hinter dem Kloster Ágios Ioánnis, nur für geländetaugliche Fahrzeuge, nach 2 km Abzweig scharf rechts hinunter zum Strand

Ágios Mámas

| Kapelle |

Auf einem Hochplateau an der südwestlichsten Spitze von Kos steht windumtost die kleine blau-weiße Kapelle Ágios Mámas. In völliger Abgeschiedenheit genießt man am Ende der Insel eine himmlische Ruhe. Hinter der Kapelle eröffnet sich ein atemberaubender Ausblick auf die unzugänglichen Badebuchten der Westküste bis hinüber zu den Nachbarinseln Nísyros und Gyalí. An einigen Stellen fällt die Küste sehr steil ab, daher ist bei einer Erkundung Vorsicht geboten. Die Schotterpiste zur Kapelle ist in einem sehr schlechten Zustand und nur mit einem geländetauglichen Fahrzeug befahrbar.

■ Am Kloster Ágios Ioánnis der Schotterpiste 4,5 km in südlicher Richtung bis zum Ende folgen

Verkehrsmittel

Den südwestlichsten Zipfel von Kos kann man nur mit dem eigenen Fahrzeug, mit dem Mountainbike oder aber zu Fuß erkunden. Bis zum Abzweig zur Höhle Áspri Pétra ist die Straße neu asphaltiert, dahinter lässt die Qualität des Straßenbelags schlagartig nach. Und hinter dem Kloster Ágios Ioánnis ist die Schotterpiste dann nur noch mit einem geländetauglichen Fahrzeug befahrbar.

ADAC Mobil

Wer das wilde Südwest-Kap von Kos erkunden möchte, den erwarten holprige Schotterpisten, Schlaglöcher, Spurrillen und unterspülte Wege. Ein Vorankommen ist dann nur noch mit einem **geländegängigen Pkw oder Quad** mit Allradantrieb möglich. Mietwagenfirmen schließen das Fahren auf unbefestigten Straßen mit einem normalen Fahrzeug in der Regel vertraglich aus. Wer dennoch weiterfährt, riskiert nicht nur Reifen- oder Unterbodenschäden, sondern auch Ärger mit der Versicherung. Diese zahlt bei Missachten der Mietbedingungen nämlich nicht, und man bleibt im schlimmsten Falle auf den hohen Bergungs- und Reparaturkosten sitzen.

Gefällt Ihnen das?

Sie lieben einsame und versteckte Strände wie den Kavo Paradiso? Dann packen Sie Ihre Badesachen ein und besuchen Sie die **Küste von Ágios Theológos** (S. 94) mit ihren versteckten Badebuchten oder den **Kochylari Beach** (S. 86) im Norden von Kéfalos.

Wandern

Wer sich die schlechten Straßenverhältnisse mit einem Fahrzeug nicht zumuten möchte, kann auch eine **Tageswanderung** vom Kloster Ágios Ioánnis über den Strand Kavo Paradiso bis zur Kapelle Ágios Mámas unternehmen. Die einfache Strecke beträgt etwa 5 km und ist durch die Steigung zwar anspruchsvoll, dafür landschaftlich ausgesprochen reizvoll. Es geht entlang von Schotterpisten durch unberührte Natur. Festes Schuhwerk und ausreichend Wasservorrat sind unerlässlich. Im Hochsommer und während der Mittagshitze sollte man wegen des fehlenden Schattens von ausgedehnten Wanderungen absehen. Besonders schön ist die Wanderung im Frühjahr, wenn alles ringsherum blüht.

In der Umgebung

Panagía Ziniótissa

| Aussichtspunkt |

Können Sie von dem Ausblick über Kéfalos nicht genug bekommen? Dann sollten Sie bei klarer Sicht unbedingt den Wegweisern zur Kapelle Panagía Ziniótissa folgen. Sie liegt direkt unterhalb eines großen Sendemastes. Der Ausblick auf die Bucht von Kéfalos von hier oben ist atemberaubend, und die meiste Zeit ist man ganz allein an diesem zauberhaften Ort. Den Aussichtspunkt erreicht man jedoch aufgrund der miserablen Straßenverhältnisse nur zu Fuß oder mit einem geländetauglichen Fahrzeug.

Bei diesem Anblick verwundert es nicht, dass der Strandabschnitt Kavo Paradiso heißt

Übernachten

Das Gros der Quartiere konzentriert sich auf die Küstenebene von Kamári. Rund um die Kéfalos-Bucht haben sich zahlreiche Apartmentanlagen angesiedelt. Sie bieten einfache Zimmer, meist mit Kochgelegenheit. Die Ausstattung mag bei vielen etwas in die Jahre gekommen sein, wer jedoch keine hohen Komfortansprüche stellt, bekommt eine solide Unterkunft zum kleinen Preis. In den letzten Jahren entstanden zunehmend auch exklusivere Anlagen. In Kéfalos-Stadt lebt man Tür an Tür mit den Einheimischen, einfache Studios, auch über Airbnb, werden hier dem Individualreisenden zur Verfügung gestellt.

Isthmus von Kéfalos 85

€€€ | **Blue Lagoon Village** Modernes Fünf-Sterne-all-inclusive-Familien-Resort in isolierter Lage direkt am Strand. Geräumige Zimmer, mehrere Pools, Restaurants, Fitness und Animation. ■ Beginn Isthmus, linker Abzweig (ausgeschildert), Tel. 22 42 05 66 00, www.bluelagoonvillage.gr

Kamári 87

€ | **Nefeli** Ein sympathisches Gastgeberpaar vermietet einfache Apartments mit Küchenzeile. Gepflegte Außenanlage mit eigenem Garten und Olivenhain. ■ Seitenstraße im Ortsteil Onia, Tel. 22 42 07 11 01

€ | **Sydney Hotel** Solides Strandhotel für junges Publikum mit angeschlossener Bar & Grill, eigenem Pool und komfortablen Zimmern. ■ Kamári Beach, Tel. 22 42 07 12 86

€ | **Villa Bel Passo** Die nette Gastgeberfamilie vermietet geräumige Apartments in Strandnähe mit Küchenzeile, schmackhaftes Frühstücksbüfett inbegriffen. ■ Seitenstraße, am Ortsausgang Kamári Richtung Kéfalos, Tel. 69 43 23 47 14 (mobil)

€–€€ | **Kefalosbay Residence Apartments** Aparthotel mit traumhaftem Ausblick auf Kéfalos. Geschmackvolle Zimmer, schöne Grünanlage mit Pool. ■ An der Bergstraße von Kamári nach Kéfalos, Tel. 22 42 07 10 11, www.kefalos-bay.com/de

€–€€ | **Kokalakis** Familiengeführtes Hotel mit Pool in Strandnähe. Die freundlichen Inhaber vermieten einfache, rustikale Zimmer mit schönem Meerblick. ■ Hauptstraße, Abzweig Kamári Richtung Strand, Tel. 22 42 07 14 66, www.hotel-kokalakis.gr

€€€ | **Ikos Aria** Neu eröffnetes All-inclusive-Luxus-Resort mit Grünanlage direkt am Strand mit fantastischem Blick auf die Insel Kastrí. ■ Am Ortseingang von Kamári (ausgeschildert), Tel. 23 73 09 51 00, www.ikosresorts.com

22 €€€ | **White Rock of Kos** Geschmackvolles Fünf-Sterne-Hotel für Erwachsene in traumhafter Hanglage über der Kéfalos-Bucht. Für ungestörte Zweisamkeit stehen luxuriöse Suiten mit Meerblick und privatem Pool oder Jacuzzi zur Verfügung. Hauseigenes Restaurant und Shuttleservice. ■ Am Ortseingang von Kamári (ausgeschildert), Tel. 22 42 30 71 70, www.whiterockofkos.gr

Kos' ursprüngliche Nachbarinseln

Jede Insel ist so einzigartig wie ihre Bewohner. Wilde Natur und atemberaubende Landschaften erfreuen Individualisten und Entdecker

Von Kos aus erreicht man in weniger als einer Fährstunde drei Nachbarinseln des Archipels. Die Inselgruppe des Dodekánes umfasst über 25 Eilande, wovon jedoch nicht alle bewohnt sind. Jede Insel hat ihre ganz eigene Identität, und keine gleicht der anderen. Diese reizvolle Vielfalt kann man auf einem Inselhüpfen wunderbar erleben, und Kos bietet sich dabei als idealer Ausgangspunkt an. Die nördlichen und südlichen Inseln des Dodekánes sind durch mehrere Fährgesellschaften miteinander verbunden und lassen sich so problemlos in wenigen Stunden erreichen. Auf einem Tagesausflug ab Kos bekommt man einen Vorgeschmack, wie abwechslungsreich die Inseln der Ostägäis sind. Im Süden von Kos wartet die Vulkaninsel Nísyros mit ihrem eindrucksvollen Krater und malerischen Dörfern darauf entdeckt zu werden. Im Norden finden Ruhesuchende auf der Mini-Insel Psérimos ein Kleinod, und Individualisten zieht es auf die felsige Insel Kálymnos, auf der sich Griechenland noch sehr authentisch zeigt.

In diesem Kapitel:

ADAC Top Tipps:

10 Nísyros
| Insel |
Das Eiland beheimatet einen der fünf aktiven Vulkane Griechenlands. Am Vulkanrand entdeckt man malerische Dörfer in reizvoller Natur. 102

ADAC Empfehlungen:

23 Stéfanos Krater, Nísyros
| Vulkan |
Dampfende Schwefelfumarolen in einer surrealen Kraterlandschaft. 105

24 Nikiá, Nísyros
| Bergdorf |
Das Bilderbuchdorf der Insel mit einem Dorfplatz zum Träumen. 106

25 Vathý, Kálymnos
| Tal |
Ein grüner Garten Eden auf einer kargen und rauen Felsinsel. 115

10

30

24

25

28 Nísyros

Idyllisches Inselparadies mit einzigartigem Naturerbe

Wie Zuckerwürfel fügen sich die weißen Häuser von Mandráki in der Bucht aneinander

Information

- Website der Gemeinde Nísyros: www.nisyros.gr
- Parken: siehe S. 107

10 *Urwüchsige Natur, verschlafene Bergdörfer, eine riesige Caldera*

Nur 16 km trennen Nísyros von Kos, und doch liegen zwischen den beiden Inseln Welten. Gerade einmal knapp 1000 Einwohner zählt das kleine Eiland, das ein einzigartiges Naturerbe bereithält. Nísyros ist eine der schönsten Inseln des Archipels und besteht im Prinzip nur aus einem aktiven Vulkan, in dessen Krater man sogar hinabsteigen kann. An den Rändern der riesigen Caldera haben sich urige Bergdörfer angesiedelt, in denen die Zeit stehen geblieben zu sein scheint. Die überraschend grüne Insel zieren terrassierte Hänge, auf denen in der Vergangenheit intensiv Landwirtschaft betrieben wurde. Bei Ankunft erstrahlt schon von Weitem die Wallfahrtskirche Panagía Spilianí auf einem Felsvorsprung über dem Meer. Darunter liegt der malerische Hafenort Mandráki, der mit seinem weißen Gassenlabyrinth und den bunten Holzbalkonen mehr an ein Kykladendorf erinnert. Nísyros ist kein Strandparadies, bietet durch den vul-

Plan S. 104

kanischen Ursprung aber Naturschätze von unmessbarem Wert. Auf einem Tagesausflug bekommt man einen ersten Eindruck von dem beschaulichen Eiland. Wer über Nacht bleibt, kann in einer der Bergtavernen das besondere Flair der Insel erleben und begegnet Griechenland in seinen Ursprüngen.

Sehenswert

1 Mandráki

| Ort |

Der pittoreske Hafenort Mandráki besticht durch seine weißen kubischen Häuser und verwinkelten Gassen, in denen man meist mehr Katzen als Menschen antrifft. Richtet man den Blick zu Boden, entdeckt man wunderschöne Mosaike aus runden Vulkansteinen, auch »chochláki« genannt. Zwischen frisch gewaschener Wäsche erstrahlen Holzbalkone in Türkisblau. Das malerische Dörfchen bietet unzählige Fotomotive und eine einzigartige Architektur, die eher an die Kykladen erinnert. An der Uferfront haben sich gemütliche Tavernen und Cafés angesiedelt. Direkt über der Brandungsmauer wird frischer Oktopus zum Trocknen aufgehängt. Herzstück des Ortes ist der schattige Dorfplatz mit dem Namen Platiá Ilikioméni. Hier laden urige Lokale unter riesigen Gummibäumen zum Verweilen ein. Hinter dem Kloster Panagía Spilianí sorgt der schwarze Strand Chochlákia mit seinen runden Vulkansteinen für willkommene Abkühlung. Eine besondere historische Sehenswürdigkeit ist das antike Palaiókastro oberhalb von Mandráki. Die hellenistische Akropolis mit ihren imposanten Zyklopenmauern stammt aus dem 4. Jh. v. Chr. Das archäologische Museum im Ortskern informiert über Ausgrabungen auf Nísyros und überrascht durch seine umfangreichen Funde, die die große Bedeutung der Insel in der Antike verdeutlichen (Mi–Mo 8.30–15 Uhr, 4 €, erm. 2 €).

2 Panagía Spilianí

| Kloster |

Die strahlend weiße Wallfahrtskirche ist ein wichtiges Pilgerziel in der Ägäis. Eindrucksvoll thront das Kloster oberhalb von Mandráki auf einem Felsvorsprung. Es ist eingebettet in die Über-

reste einer Johanniterburg aus dem 14. Jh. 130 Stufen führen in das Innere der Festung. Von oben hat man einen grandiosen Ausblick auf Mandráki und das tiefblaue Meer. Die Klosterkirche selbst liegt in einer Grotte, in der es auch im Hochsommer angenehm kühl ist. Ein kleines Museum zeigt außerdem diverse religiöse Fundstücke der letzten Jahrhunderte.

■ 15. Mai–Ende Okt. tgl. 10.30–18, Juli–Aug. bis 20 Uhr, 2 €

3 Loutrá

| Therme |

Der vulkanische Ursprung beschert der Insel gleich mehrere heiße Quellen, wovon eine bereits seit 1872 als Thermalbad genutzt wird. Nur 1,5 km von Mandráki entfernt liegt das Badehaus Loutrá. In der öffentlichen Einrichtung wird das 46 Grad heiße Heilwasser für therapeutische Zwecke in Marmorbadewannen geleitet. Einheimische schätzen die heilende Wirkung bei Rheuma, Arthritis und Hautkrankheiten. Die historischen Baderäume können auch von Touristen genutzt werden. Ein »kafeneío« ist an das Thermalbad angeschlossen.

■ Odós Pálon, Mai–Okt. tgl. 7.30–11 und 17–19.30 Uhr, 5 €

4 Páli

| Ort |

Der einzige Fischerort der Insel bietet neben einer eigenen Marina für Segler mehrere gute Tavernen, eine eigene Bäckerei und eine schöne Dorfkirche. Besonders sehenswert ist die Höhlenkapelle Panaghía Thermiáni außerhalb des Ortes gegenüber dem alten Thermalgebäude, die in die Ruinen eines alten römischen Bades hineingebaut wurde. Hinter Páli liegen mit dem Lies Beach und dem Pachiá Ámmos die beliebtesten Strände der Insel.

5 Emporiós

| Ort |

Entlang eines Hügels am Kraterrand erstrecken sich die weißen Häuser von Emporiós. Einst lebten hier mehr als 2000 Menschen, bis der Ort durch eine Auswanderungswelle und das Erdbeben von 1933 fast vollständig verlassen wurde. Seit ein paar Jahren kehrt wieder Leben in Emporiós ein, und viele der alten Häuser wurden inzwischen liebevoll restauriert. Bei einem Rundgang passiert man zuerst den kleinen Dorfplatz mit seiner blau-weißen Kirche und den beiden urigen Tavernen, die zu einer Einkehr einladen. Einen grandiosen Ausblick auf die Caldera von Nísyros hat man vom obersten Punkt des Dorfes an der Kirche des Erzengels Michael. Ein besonderes Highlight ist außerdem die Natursauna am Ortseingang, hier strömen bis zu 40 Grad heiße Vulkandämpfe in eine begehbare Felsgrotte.

6 Stéfanos Krater

| Vulkan |

23 *Der schlafende Gigant im Lakkí-Tal*

Inmitten der 3 x 1,5 km breiten Caldera von Nísyros liegt das Lakkí-Tal mit mehreren noch aktiven Kratern. Herzstück dieser Mondlandschaft ist der etwa 4000 bis 5000 Jahre alte Stéfanos Krater mit einem Durchmesser von bis zu 330 m, in den man sogar hinabsteigen kann. Es handelt sich dabei um einen der größten Hydrothermal-Krater der Welt. An manchen Stellen ist der Boden sehr dünn, und auch wenn die durchlässigen Stellen abgesperrt sind, ist dennoch besondere Vorsicht geboten. Festes Schuhwerk ist beim Abstieg unbedingt empfehlenswert. Auch der starke Schwefelgeruch ist nicht zu un-

Im Blickpunkt

Kunst aus Kieseln

Beim Spaziergang durch die Gassen von Mandráki sollte man stets einen Blick gen Boden werfen. Grund dafür sind die sogenannten Chochláki, kunstvolle Bodenmosaike aus Meereskieseln. Die vulkanischen Steinkiesel stammen aus der Ägäis und werden von Hand zu einem Muster gesetzt, Stein für Stein und Meter für Meter. Die hübschen Muster von Tieren und Göttern entstehen, indem man helle und dunkle Kiesel versetzt. Chochláki sind typisch für den Dodekánes und verschönern viele öffentliche Plätze und Häusereingänge. Das traditionelle Kunsthandwerk wird noch heute auf der Insel ausgeübt und beweist viel Liebe zum Detail und den Erhalt der Traditionen auf Nísyros. Ein besonders sehenswertes Mosaik befindet sich in Mandráki direkt an der Kirche Panagía Potamítissa. Hier sieht man drei Delfine, die um Poseidons Dreizack kreisen. Auch im Bergdorf Nikiá wurde der schöne Hauptplatz Pórta mit einem Chochláki veredelt.

Plan S. 104

Im Blickpunkt

Der Mythos um den Vulkan

In der griechischen Mythologie beginnt die Entstehung von Nísyros mit dem Kampf der Giganten gegen die Götter des Olymps. Der Meeresgott Poseidon erhielt von Zeus den Auftrag, den Giganten Polyvótis zu töten, der sich in der Ägäis versteckte. In der Nähe von Kos entdeckte Poseidon sein Opfer, nahm seinen Dreizack, riss ein Stück von Kos heraus und warf es auf ihn.
Er begrub den Giganten unter dem abgetrennten Stück von Kos und formte damit die Insel Nísyros. Der Vulkan entstand an der Stelle, an der sich die Mundöffnung des Polyvótis befand. Unruhen und Erschütterungen im Erdinneren sind seitdem auf das ständige mühsame Atmen des begrabenen Giganten zurückzuführen.

terschätzen. Neben dem Stéfanos Krater gibt es rechter Hand vom Kiosk noch den weniger frequentierten Zwillingskrater Polyvótis zu entdecken. Der jüngste Krater entstand bei der letzten hydrothermalen Eruption im Jahre 1887, seitdem ist es um den Vulkan auf Nísyros ruhig geworden.

■ Durchgängig begehbar, Kiosk und WC vorhanden, 3 €

7 Nikiá

| Ort |

24 *Ein Bilderbuchdorf mit verwinkelten Gassen*

Mit seinen weißen Häusern und roten Dächern verzaubert der bildschöne Ort auf Anhieb. Begibt man sich auf einen Spaziergang durch die pittoresken Gassen von Nikiá, gelangt man zu einem der schönsten Plätze der Insel. Die Pórta Nikiá mit ihrer strahlend weißen Marienkirche ist ein architektonisches Kleinod und ein stiller Ort, an dem der Alltag weit weg scheint. Läuft man bis ans Ortsende, eröffnet sich ein spektakulärer Blick in die Caldera und in den Stéfanos Krater. Am Ortseingang befindet sich außerdem das erste Vulkanmuseum Griechenlands. Es informiert über den Vulkanismus auf Nísyros und in der Ägäis (April–Okt. Mo–Sa 8.30–18.30 Uhr, 4 €, erm. 2 €). Hinter dem Museum führen Stufen hinauf zur blau-weißen Kirche Prophet Elias. Von hier aus genießt man ein einmaliges Panorama der Insel.

Verkehrsmittel

Schiffe/Ausflugsboote Einen geführten Tagesausflug zur Insel Nísyros kann man auf Kos bei zahlreichen Reiseveranstaltern in den Touristenorten bu-

ADAC Spartipp

Einen **Tagesausflug nach Nísyros** kann man auch wunderbar auf eigene Faust unternehmen. Das spart Geld, und man muss nicht mit der Masse mitpilgern. Es gibt nur eine Straße vom Hauptort Mandráki zu den anderen Dörfern Palí, Emporiós und Nikiá. Zwischen Letzteren zweigt der Weg in den Vulkankrater ab. Im Sommer verkehren täglich drei Fähren ab Kardámena und eine ab Kéfalos. Auf Nísyros leiht man sich dann einfach einen fahrbaren Untersatz, um die Insel zu erkunden (S. 107).

Wie eine Puppenstube: Das schmucke Dorf Nikiá weiß seine Besucher zu verzaubern

chen. Meist ist nur ein Besuch im Vulkan und in Mandráki vorgesehen. Einige Touren halten auch in Nikiá und Emporiós. Die günstigen Fährzeiten ermöglichen jedoch auch eine Erkundung der Insel auf eigene Faust.

Fährboote starten täglich von Mitte April bis Ende Oktober ab Kardámena und Kamári auf Kéfalos um 9.30 Uhr, die Rückfahrt erfolgt um 15.30 Uhr (16–18 €). Ab Kos-Stadt fährt die Fähre »Panagía Spilianí« mehrmals pro Woche. Die Überfahrt dauert ca. 1 Std.

Inselbus In der Hauptsaison fährt ein Kleinbus 5-mal täglich von Mandráki über Páli und Emporiós nach Nikiá und wieder zurück. Sitzplätze sind jedoch begrenzt. Aktuelle Fahrpläne findet man direkt am Mandráki Hafen.

Roller/Quad Wer auf Nísyros mobil sein möchte, mietet sich einen Roller ab 15 € oder Quad ab 35 € (www.eaglesnestnisyros.com).

Taxi Es gibt nur eine Taxifahrerin auf der Insel, die je nach Saison komplett ausgelastet ist.

P Parken

In Mandráki kann man direkt am Hafen parken und den Ort zu Fuß erkunden. Im Dorfkern dürfen nur Lieferfahrzeuge und Anwohner parken. In Nikiá und Emporiós parkt man ebenfalls vor dem Ortseingang und läuft in die Dörfer hinein.

Restaurants

€ | Apyria Die Brüder Triantafilos und Giannis betreiben die urige Dorftaverne im Herzen von Emporiós und verwöhnen ihre Gäste mit schmackhaften hausgemachten Speisen. ■ Dorfplatz Emporiós, Tel. 22 42 031 377, in der Saison tgl. ab 9 Uhr

 Plan S. 104

€–€€ | To Balcony Die Taverne direkt am Rande der Caldera bietet neben typisch griechischen Speisen einen herrlichen Ausblick in den Vulkan. ■ Dorfplatz Emporiós, Tel. 22 42 03 16 07, Mai–Okt. tgl. 9–22.30 Uhr

€–€€ | Oxos Unter schattigen Bäumen genießt man hier nicht nur köstliche griechische Vorspeisen, sondern auch einen herrlichen Sonnenuntergang. ■ Unterhalb des Klosters, Mandráki, Tel. 22 42 03 18 73, Mai–Anfang Okt. tgl. ab 10 Uhr

€€–€€€ | Geusea Hervorragendes Fischrestaurant unweit des Hafens mit übersichtlicher Karte und schmackhaften Gerichten, geführt von kreativen Köchen, die ihr Handwerk verstehen. ■ Uferpromenade, Mandráki, Tel. 22 42 03 10 66, tgl. ab 12 Uhr

Cafés

Liotrídia In gemütlichem Ambiente werden direkt an der Uferpromenade kühle Getränke, Kaffee und Snacks serviert. ■ Uferpromenade, Mandráki, Tel. 22 42 03 15 80, tgl. ab 9 Uhr

Porta Nikiá Direkt auf dem schönen Dorfplatz von Nikiá genießt man bei Panagiotis und seiner Familie kühle Getränke, Kaffee und kleine Snacks. ■ Auf dem Dorfplatz, Nikiá, Mai–Okt. tgl. ab 10 Uhr

Einkaufen

Karma Inhaber Pantelis vertreibt in seiner 2019 eröffneten Schmuck-Boutique selbst gefertigte Schmuckstücke sowie Accessoires von Athener Designern zu erschwinglichen Preisen. ■ Im Ortskern, Mandráki, tgl. 10–15.30, 18–21 Uhr

Loles Kores Hübsche Boutique mit luftiger Sommerkleidung und schicken Accessoires. ■ Im Ortskern, Mandráki, Tel. 22 42 03 10 24, Mo–Sa 10.30–14.30 und 19.30–20.30 Uhr

Natura Nisyriana Feinkostladen mit traditionellen Inselprodukten. Hier wird auch die beliebte »Volcanic

Fresko in der Kapelle Profítis Ilías: Es zeigt den hl. Elias, der von einem Raben versorgt wird

Mask«, eine Gesichts- und Körpermaske aus Vulkanschlamm, vertrieben. ■ Am Ortseingang, Mandráki, Tel. 22 42 03 11 33, tgl. 10–16 Uhr

Events

Kirchweihfest Selbst Griechen aus Amerika und Australien ist der Weg nicht zu weit, um am 14./15. August bei der feierlichen Prozession zu Ehren der Heiligen Mutter Gottes in Mandráki teilzunehmen.

Wandern

Eine Wanderung (5 km, 2,5 Std.) mit traumhaften Aussichten führt vom Kloster Evangelístria auf den höchsten Berg von Nísyros, den **Diavátis** mit einer Höhe von 698 m. Der naturbelassene Pfad schlängelt sich stetig bergan und führt vorbei an Häuserruinen aus vorchristlicher Zeit und terrassierten Hängen. Unterhalb des Gipfels erreicht man die Kapelle **Panagía Diavatianí**, ein schattiger Platz mit Feigenbäumen lädt zum Verweilen ein. Die letzten Meter führen entlang blühender Thymiansträucher bis zur strahlend weißen Gipfelkapelle Profítis Ilías. Der Weitblick über die Insellandschaft der Ägäis von hier oben ist atemberaubend.

In der Umgebung

Gyalí
| Insel |
Die Nachbarinsel Gyalí erkennt man aufgrund ihrer weißen Steinbrüche schon von Weitem. In der Hauptsaison starten Ausflugsboote auf das unbewohnte Eiland, auf dem sich heute lediglich ein Tagebau für die Gewinnung von Bimsstein angesiedelt hat. Highlight sind die türkisblauen Badebuchten, die zum Sprung ins kühle Nass einladen. Touren von Nísyros nach Gyalí werden in der Saison mehrmals pro Woche angeboten (Infos unter Three Brothers Hotel, Tel. 22 42 03 13 44, E-Mail: 3brothers.nisyros@gmail.com).

ADAC Mittendrin

Am 15. August jeden Jahres kann man auf Nísyros einem besonderen Spektakel beiwohnen, wenn Tausende Pilger aus allen Teilen der Welt zu **Mariä Himmelfahrt** die Insel besuchen. Bereits am Vortag wird traditionell eine Kichererbsensuppe serviert, und man feiert auf dem Dorfplatz in Mandráki, der Platiá Ilikioméni, bis in die Morgenstunden. Am 15. August wird die wundertätige Marienikone im Rahmen einer feierlichen Prozession vom Kloster Panagía Spilianí ins Dorfzentrum getragen.

29 Psérimos

Kleines Inselidyll, lebhaft am Tag, einsam in der Nacht

Nur 3,5 km trennen Kos von dem winzigen Eiland Psérimos. Die karge Insel liegt nördlich von Kos und misst gerade einmal 14,6 km². Im einzigen Ort Avlákia leben nur 25 Einwohner, die meisten von Viehzucht und Fischerei und seit der Jahrtausendwende auch vom Tourismus. Besucher aus Kos kommen im Rahmen der Drei-Insel-Tour nur für eine Stunde mit Ausflugsbooten nach Psérimos. Dabei lohnt es sich über Nacht zu bleiben, denn wenn die Tagestouristen abgereist sind, kehrt wieder Stille auf der kleinen Insel ein. Am Abend sitzt man gemeinsam mit den Einheimischen in einer der Tavernen von Avlákia direkt am Sandstrand und genießt die ruhigen Stunden. Tagsüber kann man entlang der Ziegenpfade über sanfte Hügel zu einsamen Badebuchten und einer Kapelle wandern.

Verkehrsmittel

Fähren der Reederei Anek fahren in der Hauptsaison ca. dreimal wöchentlich von Mastichári über Psérimos nach Kálymnos (www.anekalymnou.gr).

Ausflugsboot Aigeas II fährt im Juli und August täglich um 10.30 Uhr von Mastichári nach Psérimos und um 18 Uhr wieder zurück (Tel. 22 42 05 92 90).

In der Nebensaison erreicht man die Insel nur ab Kálymnos mit dem **Versorgungsschiff** oder alternativ für eine Stunde mit der Drei-Insel-Tour ab Kos-Stadt (verschiedene Anbieter).

Sehenswert

Avlákia

| Ort |

Die einzige Ortschaft im Südwesten der Insel zeigt sich beschaulich, wenn nicht gerade Hunderte Tagestouristen zur Mittagszeit über das Eiland einfallen. Vom Anlegekai des kleinen Hafens führt die einzige befestigte Straße nur ein paar Meter bis ins Dorf hinein. Der Rest der Insel besteht aus Sandpisten und Ziegenpfaden. Entlang der Uferpromenade reihen sich weiße Häuser mit bunten Fensterläden aneinander. Dazwischen haben Tavernen ihre Stühle in den Sand gestellt. Der breite Sandstrand dient den Einheimischen gleichzeitig auch als Dorfplatz. Im seichten kristallklaren Meerwasser können Kinder in Ruhe planschen. Am östlichen Ortsrand steht inmitten von Olivenhainen und überraschend üppiger Vegetation die Dorfkirche zu Ehren der Heiligen Mutter Gottes. Jedes Jahr zu Mariä Himmelfahrt am 14./15. Au-

Die Souvenirstände auf Psérimos offerieren allerlei maritime Schätze

gust erwacht das kleine Eiland zum Leben, wenn zahlreiche Menschen aus anderen Teilen der Ägäis hierher pilgern und das große Kirchweihfest feiern. Bleibt man über Nacht auf Psérimos, genießt man die ruhigen Abendstunden in Gesellschaft der Einheimischen. Ein paar einfache Unterkünfte und sogar ein Hotel mit mehreren Zimmern stehen für Übernachtungsgäste zur Verfügung.

Panagía Grafiótisa

| Kirche |

Im Westen der Insel erreicht man nach einem 30-minütigen Fußmarsch die Kirche Panagía Grafiótisa. Inmitten eines einsamen Landstrichs strahlen ihre weiße Fassade und ihr rotes Dach an den Sandsteinklippen. Ein schöner Sandstrand lädt nach Wanderung (2 km) zur Abkühlung ein. Hinter dem Gotteshaus stand einst eine weitere Kapelle, die jedoch vor ein paar Jahren ins Meer gestürzt ist. Gegenüber blickt man auf die Felseninsel Platí mit ihren türkisblauen Buchten (Start der Wanderung hinter dem Hotel Anna, Ziegenpfad entlang der Westküste).

Restaurants

Im Ort **Avlákia** gibt es mehrere Tavernen, die sich in der Qualität und den Preisen der angebotenen Speisen nur geringfügig unterscheiden. Da viele der Tavernenbesitzer eigene Ziegen halten, sind besonders die Fleischgerichte empfehlenswert.

Wandern

Obwohl die Insel überschaubar ist, lohnt sich eine kurzweilige Wanderung zu den entlegenen **Badebuchten** der Insel. Die knochige Vegetation, hauptsächlich bestehend aus fußhohen Macchia-Büschen und Kräutern, bietet keinen Schatten. Man läuft entlang von Ziegenpfaden über sanfte Hügel. Im Osten erreicht man nach etwa 30 Min. die türkisblaue **Badebucht von Vathý**. Zur Mittagszeit halten hier die Ausflugsboote für einen kurzen Badestopp, daher empfiehlt es sich, am Vormittag oder Nachmittag an dem schönen Sandstrand vorbeizuschauen. Im Norden der Insel erreicht man über eine Sandpiste nach etwa 45 Min. die **Marathonda-Bucht**. Den einsamen Kiesstrand hat man in der Regel für sich allein und kann ganz ungestört baden oder sonnenbaden.

Im Blickpunkt

Kapern der Ägäis

Seit der Antike werden die kleinen Knospen als Heil- und Genussmittel verwendet, und auch noch heute gelten sie als pikante kulinarische Delikatesse. Der Kapernstrauch ist ein wahrer Überlebenskünstler, kommt er doch mit wenig Wasser aus. Als reines Naturprodukt werden die Bestandteile nur dort gepflückt, wo sie auch wild gedeihen. Meist findet man den Strauch zwischen Felsen und trockenen Steinmauern. Traditionell werden die Früchte, Blätter und Knospen nur in Salzwasser eingelegt. Die Knospen erhalten dadurch ihren markanten Geschmack, ideal als Zutat für Salate und Saucen. Eingelegte Kapern sind ein leckeres Urlaubssouvenir und u. a. in Feinkostläden auf Kos und Kálymnos erhältlich.

30 Kálymnos

Die Insel der Schwammtaucher und beliebtes Kletterparadies

Die Idylle trügt nicht: Massoúri bürgt für erholsame Ferien, fernab von Lärm und Trubel

Information

- Die Touristeninformation befindet sich im Hafengebäude von Póthia. Tel. 22 43 02 92 99, www.kalymnos-isl.gr, Mo–Fr 7–15 Uhr
- Parken: siehe S. 116

Die viertgrößte Insel des Dodekánes zeigt sich bei Einfahrt in den Hafen von Póthia karg und felsig. Einen völligen Kontrast dazu bilden darunter die pastellfarbenen venezianischen Häuser der Inselhauptstadt. Kálymnos liegt zwischen den Inseln Kos und Léros und misst von Nord nach Süd 21 km. Die Insel ist schroff und bergig mit dem Profítis Ilías als höchste Erhebung von 678 m. Durch den Wassermangel fehlt es an üppiger Vegetation, an den kahlen Berghängen gedeihen Wildkräuter und Macchia-Büsche. Eine Ausnahme bildet das fruchtbare Tal von Vathý mit seinen Zitrusplantagen und Gemüsefeldern. Bis Mitte des 20. Jh. war die Schwammtaucherei der Hauptwirtschaftszweig der Insel. Die wertvollen Naturschwämme werden von Apnoetauchern am Meeresboden geerntet und vor allem für die Körperpflege und im Haushalt verwendet. Heute ist die Felslandschaft von Kálymnos mit ihren zahlreichen Höhlen und Grotten der eigentliche Schatz der Insel. Jährlich

Plan
S. 114

zieht sie Tausende Sportkletterer an. Auf Kálymnos haben sie ihr Paradies gefunden und toben sich auf den über 3400 verschiedenen Kletterrouten aus. Im Gegensatz zu Kos konnte sich Kálymnos bisher einen sanften Tourismus bewahren. Die Westküste, mit ihren Sandstränden und der vorgelagerten Insel Télendos, ist das touristische Zentrum der Insel. Dennoch ist das Eiland mit seinen rund 16 000 Einwohnern selbst in der Hauptsaison noch nicht überlaufen, und man kann ganz in Ruhe in einer der zahlreichen Tavernen von Massoúri einkehren und am Abend einen malerischen Sonnenuntergang genießen.

Sehenswert

1 Póthia

| Ort |

Überraschend anders wirkt die Inselhauptstadt von Kálymnos im Vergleich zu den restlichen Dodekánes-Inseln. Anstelle weiß gekalkter Häuserwürfel erwarten einen dicht aneinander gedrängte pastellfarbene Herrenhäuser. Über 30 Jahre italienische Besatzung haben ihre Spuren im typischen Baustil der Häuser hinterlassen. Prächtige neoklassizistische Villen zeugen vom einstigen Wohlstand des Hafenortes. Die Schwammfischerei war über viele Jahre Hauptwirtschaftszweig der Insel. Heute haben die Naturschwämme lediglich für den Tourismus noch Bedeutung. An der Uferpromenade mit ihren vielen Tavernen, Cafés und Geschäften geht es meist hektisch und laut zu. Wer dem Trubel entfliehen möchte, unternimmt einen Spaziergang durch das bunte Gassengewirr der Hauptstadt. Am östlichen Ortsrand gelangt man zum archäologischen Museum von Kálymnos, das einen Einblick in die prähistorische Vergangenheit der Insel (Mi–Mo 8.30–16 Uhr, 4 €) gewährt. Den schönsten Blick auf Póthia hat man vom prächtigen Kloster Ágios Savvas. Mit seinen roten Kuppeln thront es auf einem Bergvorsprung über der Stadt. Hinter Póthia erstreckt sich ein langes Tal mit den angrenzenden Siedlungen Chorió und Pánormos. Mit knapp 15 000 Menschen lebt hier etwa 90 % der Inselbevölkerung. Da verwundert es nicht, dass Póthia auch im Winter eine lebendige Stadt ist.

2 Vlychádia

| Strand |

Zwei schöne Strandbuchten bilden das Herzstück des kleinen Dorfes Vlychádia ganz im Süden der Insel. Direkt am Ortseingang liegt ein schmaler Kiesstrand mit einer gemütlichen Strandbar. Die hintere der beiden Buchten ist sandig, und das Meer ist hier sehr seicht. In den Tavernen vor Ort gibt es traditionelle griechische Küche zu guten Preisen.

3 Kástro Chóras

| Burgruine |

Die mittelalterliche Inselhauptstadt Chorió wurde zum Schutz vor Piraten tief ins Tal hineingebaut. Darüber thront auf einem Bergvorsprung eine byzantinische Burg aus dem 11. Jh. Steile Stufen führen hinauf zu den mächtigen Festungsmauern und ins Innere der Anlage. Zwischen Häuserruinen sind noch einige Kapellen mit Wandmalereien erhalten. Von 1495 bis 1812 war die Burganlage dauerhaft bewohnt. Ein echtes Highlight ist der Ausblick von hier oben auf das gesamte Tal bis vor nach Póthia.

■ Frei zugänglich

4 Moní Stávrou

| Kloster |

Im Südwesten oberhalb des Badeortes Kantoúni erstrahlt an einem Berghang das weiße Kloster des Kreuzes. Über einen ausgetretenen Pfad geht es in 15 Min. steil bergauf bis zu der unbewohnten Anlage. Von der Terrasse des Klosters hat man einen fantastischen Ausblick über die Bucht von Pánormos, noch schöner ist es am Abend, wenn die Sonne wie ein glühend roter Ball hinter dem Meer versinkt.

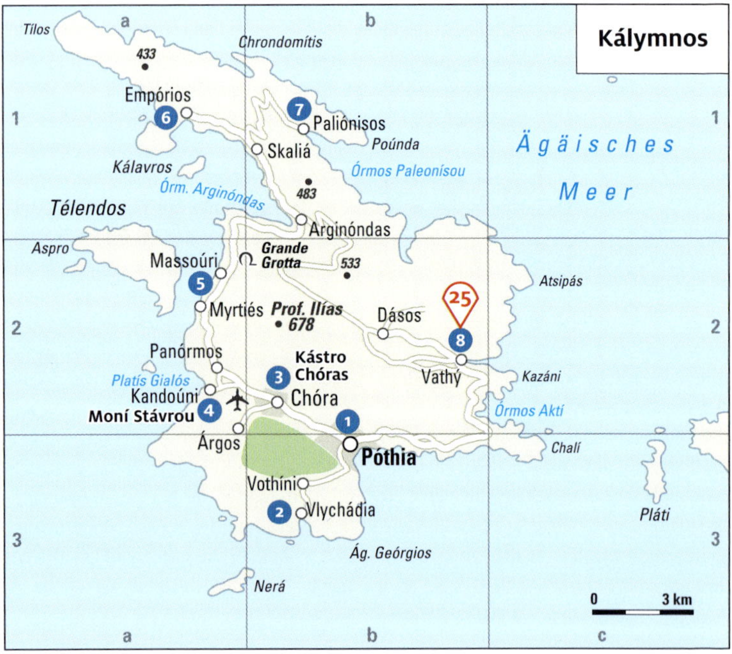

5 Myrtiés und Massoúri

| Orte |

Die beiden Ferienorte an der Westküste gehen nahtlos ineinander über und bilden das touristische Zentrum der Insel. Hier befindet sich das Gros der Unterkünfte für Badeurlauber und Kletterer sowie zahlreiche Tavernen, Cafés, Beach-Bars und Shops. Im Vordergrund liegt das wuchtige Eiland Télendos, welches sich wie ein Dinosaurierrücken vor die allabendliche spektakuläre Sonnenuntergangs-Kulisse schiebt. Vom Hafen in Myrtiés kann man mehrmals pro Tag auf die idyllische Nachbarinsel übersetzen. Sonnenanbeter treffen sich derweil am langen Sand-/Kiesstrand von Massoúri. Besonders in der Hauptsaison ist dieser gut besucht, dann reihen sich Sonnenschirme und Strandliegen dicht aneinander. Direkt hinter Massoúri an den schroffen Felshängen ist die beeindruckende Grande Grotta kaum zu übersehen. Hier treffen sich Sportkletterer aus aller Welt, um vom Dach der riesigen Höhle hinunterzuhängen und das atemberaubende Panorama auf Télendos und die Ägäis zu genießen.

6 Emporiós

| Ort |

Im äußersten Norden der Insel liegt in völliger Einsamkeit das Dorf Emporiós. Außerhalb der Hauptsaison geht es hier sehr beschaulich zu. Am langen Kiesstrand wurden ein paar Strandliegen aufgestellt, eine Handvoll Tavernen versorgt die Badegäste, am kleinen Anlegekai schippern Fischerboote. Vom Vorplatz der Kirche Ágios Geórgios am westlichen Ortsrand bietet sich ein toller Blick auf die Bucht von Emporiós, in der dank der windgeschützten Lage oft Segler ankern.

ADAC Wussten Sie schon?

Zu einer kleinen Berühmtheit hat es die Kirche **Ágios Savvas** mit ihrer schönen Steinfassade und dem roten Kuppeldach geschafft. Sie wird fälschlicherweise als Werbebild für Kreta, Korfu, Rhodos oder Kos verwendet. Dabei steht das prächtige Gotteshaus nirgendwo anders als in Póthia auf Kálymnos.

7 Paliónisos

| Strand |

Im Nordosten von Kálymnos versteckt sich der abgelegene Weiler Paliónisos. Im Sommer trifft man an dem schmalen Kiesstrand mit Schatten spendenden Tamarisken hauptsächlich Einheimische, die dem Trubel an der Westküste entfliehen. Kristallklares Wasser lädt hier zum Abkühlen ein. Die windgeschützte Bucht ist auch bei Seglern beliebt, die in Paliónisos zahlreich vor Anker liegen. Ein paar einfache Tavernen sorgen für das leibliche Wohl.

8 Vathý

| Tal |

25 *Ein Garten Eden mit dem schönsten Fjord der Ägäis*

Bereits die Einfahrt in das Tal von Vathý ist spektakulär, inmitten der schroffen Berglandschaft wird man plötzlich von einer grünen Oase begrüßt. Der malerische Esperidon-Fjord reicht bei Vathý weit ins Land hinein und geht in ein fruchtbares Tal mit zahlreichen Zitrusplantagen, Mandarinenbäumen, Olivenhainen und Gemüsefeldern über. Überall verstreut stehen einige Häuser, in der Mitte des Tals erstrahlt die blau-weiße Kirche Agía Triáda. Herzstück von Vathý ist der Hafenort Rina. Die

Plan S. 114

Bucht mit ihren bunten Fischerbooten schimmert türkisblau und lädt zum Abkühlen ein. Eine Handvoll Tavernen versorgt Besucher mit frischem Fisch und typisch griechischen Speisen. Nur ein paar Stunden am Tag wird es hier richtig voll, wenn die Ausflugsschiffe aus Kos im Rahmen der Drei-Insel-Tour anlegen. Einen atemberaubenden Ausblick auf den Esperidon-Fjord von Vathý genießt man von der Küstenstraße, die zurück nach Póthia führt.

Verkehrsmittel

Schiffe/Ausflugsboote Die schnellste Verbindung geht von Mastichári auf Kos nach Póthia. Es verkehren mehrmals täglich zwischen 8 und 20 Uhr große Autofähren der Reederei ANEM und Schnellboote von Anek. Die Überfahrt dauert etwa 30–40 Min. Bei vielen Reiseveranstaltern auf Kos können auch geführte Touren nach Kálymnos gebucht werden. Ab Kos-Stadt verkehren die schnellen Katamarane der »Dodekanisos Seaways« mehrmals pro Woche nach Póthia. Ab dem Hafen Piräus steuern die großen Fährschiffe von »Blue Star Ferries« die Insel mehrmals wöchentlich an.

ADAC Mittendrin

Während Kos als Topadresse für Strandurlauber gilt, hat sich die Nachbarinsel Kálymnos zum echten **Kletterparadies** etabliert. Das gebirgige Terrain mit vielen Höhlen und Grotten erkunden Sportkletterer auf über 3400 Routen. Höhepunkt ist das alljährlich Anfang Oktober stattfindende Kálymnos Climbing Festival (www.kalymnos-isl.gr).

Inselbus Die Busverbindungen sind nur zwischen Póthia und der Westküste gut ausgebaut. Von Póthia über Chorió nach Myrtiés und Massoúri fährt etwa 9-mal täglich zwischen 6.50 und 21.30 Uhr ein Bus. Ins Tal von Vathý gibt es täglich drei Busverbindungen. Nach Emporiós und Vlychádia fährt der Bus nur zweimal täglich. Aktuelle Fahrpläne unter: www.kalymnos-isl.gr (Information–Bus itineraries).

Roller/Quad Kálymnos lässt sich ideal auf eigene Faust erkunden. Mit einem Roller oder Quad kann man die Insel in seiner eigenen Geschwindigkeit abfahren. In Póthia und den Ferienorten Myrtiés und Massoúri gibt es die meisten Verleihstationen. Scooter ab 12–17 €, Quad 25–30 € (www.kalymnos-scooter-rental.gr).

Taxi Direkt am Hafen von Póthia stehen Taxis zur Verfügung. Eine Fahrt von Póthia nach Massoúri kostet ca. 15–20 €. Tel. 22 43 05 03 00.

Parken

In Póthia parkt man hinter dem Hafenanleger oder auf den Parkflächen entlang der Uferpromenade.

Restaurants

€–€€ | Fountagio Uriges Fischrestaurant mit schönem Ausblick auf Télendos. Der Wirt Giorgos und seine Familie servieren frische hausgemachte Speisen. ■ Hafen Melitsáchas, Tel. 22 43 04 73 73, tgl. ab 10 Uhr

€–€€ | Avra Aigaiou Familien-Restaurant mit schöner Terrasse und leckerem griechischen Speisenangebot. Vor allem das »moussaka« ist ein Gedicht! ■ Ortseingang Massoúri, Tel. 22 43 04 87 22, tgl. 13.30–23 Uhr

€€ | Dreamcatcher Familiengeführte Taverne mit raffinierten griechischen Speisen im Weiler Emporiós. Terrasse mit Meerblick. ■ Hafen Emporiós, Tel. 2243040120, tgl. ab 9 Uhr

€€–€€€ | Aegean Tavern Griechische Küche modern und genussvoll interpretiert. Top-Lage mit Blick auf Télendos. In der Hauptsaison Reservierung notwendig. ■ Ortseingang Massoúri, Tel. 2243047146, tgl. 15–24 Uhr

Einkaufen

Kálymnos Sponges Warenhaus mit einer Vielfalt an Naturschwämmen für die verschiedensten Anwendungsmöglichkeiten. ■ Papamihaíl Square, Hafenpromenade Póthia, www.spongeskalymnos.gr, tgl. 9–20 Uhr

Kneipen, Bars und Clubs

Paradisio Schöne Strandbar und Taverne, geschmackvoll eingerichtet, mit Meerblick. Leckere leichte Gerichte und gute Cocktails. ■ Ortseingang Vlychádia, Tel. 2243022764, tgl. ab 10 Uhr, Sa ab 10.30 Uhr

Drops Stylische Strandbar und Café auf der vorgelagerten Insel Télendos. In geschmackvoller Atmosphäre werden leckere Snacks und gute Cocktails serviert. ■ Anleger Télendos, Tel. 6972977567 (mobil), tgl. ab 11 Uhr

Events

Climbing Festival Jedes Jahr Anfang Oktober strömen Sportkletterer aus aller Welt auf die Insel, um an den verrücktesten Stellen des felsigen Eilands ihre Kletterkünste zu testen. Abends trifft man sich zu Livemusik und Präsentationen im zuvor definierten Base

Ankunft im kleinen Hafenort Rina im fjordartigen Tal von Vathý

Camp der Insel (www.climbingfestival.kalymnos-isl.gr).

Sport

Climb Kálymnos Informative Website über den Klettersport auf Kálymnos mit detaillierten Routenbeschreibungen. Auf der Insel gibt es auch mehrere routinierte Kletterführer, die mehrtägige Touren für Anfänger und Fortgeschrittene anbieten (www.climbkalymnos.com).

Tauchen Mehrere gute Tauchschulen bieten Einblick in die Unterwasserwelt der Insel. Besonders spannend ist ein Tauchgang zwischen Massoúri und Télendos, hier kann man die Ruinen der versunkenen antiken Stadt Potha entdecken.

Wandern

Der **Kálymnos Trail** führt auf einer mehrtägigen Wanderroute (100 km) um die Insel. Die Pfade sind bisweilen anspruchsvoll. Gute Wanderkarten erhält man in den Shops von Massoúri.

Italian Road Eine etwa dreistündige Wanderung führt außerdem über die von den Italienern Anfang des 20. Jh. angelegte Italian Road. Sie war bis 1967 die einzige Straße, die Póthia mit Vathý verbunden hat. Der schattenlose Weg besteht aus gepflasterten Steinen und losem Geröll und erfordert Trittsicherheit und gute Kondition. Festes Schuhwerk und ausreichend Wasservorrat sind Voraussetzung.

In der Umgebung

Télendos

| Insel |

Im Westen von Kálymnos ragt die vorgelagerte Insel Télendos wie ein riesiger Dinosaurierrücken aus dem Meer empor. Einst war das Eiland mit Kálymnos verbunden, bis um 554 n. Chr. ein schweres Erdbeben die beiden Landmassen trennte. An der Verbindungsstelle befindet sich heute die versunkene antike Stadt Potha. Mehrmals täglich fährt ein Taxiboot vom Hafen Myrtiés auf die Nachbarinsel. Bis auf eine asphaltierte Uferpromenade mit einigen Tavernen und Cafés gibt es keine weiteren Straßen und Orte auf dem Eiland. Télendos ist ein Zufluchtsort für Ruhesuchende, die fernab vom Trubel durch die einsame raue Landschaft zu verlassenen Kapellen und versteckten Badebuchten wandern möchten. Kletterer beweisen ihre Künste an den steilen Felswänden und erklimmen das hoch aufragende Gipfelplateau des Bergrückens Ráchi. An der Westseite von Télendos bei der kleinen Kapelle Ágios Geórgios erlebt man am Abend einen spektakulären Sonnenuntergang. Für alle, die über Nacht bleiben wollen, bietet die Insel ein einfaches Hotel und einige Privatzimmer an.

Sportkletterern bietet sich dieser Blick von der Grande Grotta auf das Eiland Télendos

Übernachten

Die Nachbarinseln von Kos sind ein Paradies für Individualisten. Große Resorts und Pauschalhotels sucht man vergebens, dafür gibt es authentische Unterkünfte, meist Familienbetriebe, für jeden Geldbeutel. Das Angebot an Privatzimmern, Studios und Ferienwohnungen mit eigener Kochgelegenheit ist auf Kos' Nachbarinseln reichhaltig. Dabei konnten sich alle drei Eilande einen sanften Tourismus bewahren. Wer über Nacht bleibt, lernt das ursprüngliche Griechenland kennen und kommt meist für einen zweiten Besuch zurück.

Nísyros 102

€ | **Three Brothers Hotel** Gemütliches Hotel geführt von einer freundlichen Inhaberfamilie mit minimalistischen Zimmern und schöner Terrasse. ■ Hafen Mandráki, Tel. 22420313 44, www.nisyros3brothers.com

€ | **Porfyris Hotel** Größeres Hotel mit 38 Zimmern und Pool. Einfache klimatisierte Zimmer mit Balkon und Meerblick in ruhiger Lage oberhalb von Mandráki. ■ Ortskern Mandráki, Tel. 2242 031376, www.porfyrishotel.gr

€ | **Mammis Apartments** Inmitten eines schönen Gartens liegen zwölf geräumige saubere Apartments, einfach ausgestattet mit Küchenzeile und Balkon. ■ Ortseingang Pali, Tel. 2242031453

€–€€ | **Pyrgos Stone House** Liebevoll restauriertes Steinhaus mit Meerblick für bis zu sechs Personen, traditionell eingerichtet, mit Hochbett und Küche. ■ Westlicher Ortsausgang, Emporiós, Tel. 6973980338 (Triantafilos, mobil)

€€ | **Amaranti House n' Art** Romantisches Steinhaus für vier Personen im Ortskern. Traditionell restauriert mit

Außen rustikal, innen stylish: Das Melanopetra in Emporiós vermietet schicke Apartments

Im Pyrgos Stone House erwartet den Gast Komfort gepaart mit Tradition

künstlerischen Elementen, Küche und Dachterrasse. ■ Ortskern Mandráki, Tel. 6974717172 (Petros, mobil)

€€ | Villa Maria Eliza Traditionelle Ferienwohnung mit Holzmöbeln in einer schönen Villa. Ruhige Lage mit fantastischem Meerblick. ■ Ortseingang Nikiá

€€–€€€ | Melanopetra Geschmackvolle Boutique-Apartments, minimalistisch eingerichtet. Terrasse mit Meerblick. ■ Ortskern Emporiós, Tel. 6978 060289 (mobil), www.melanopetra.gr

Psérimos 109

€€–€€€ | H Hotel Psérimos Villas Größtes Hotel auf Psérimos mit 18 Steinhäusern und traditioneller Ausstattung. Großer Pool, Strandlage. ■ Ortskern Avlákia, Tel. 2243059905, www.halikoshotels.com

Kálymnos 112

€ | Apxontiko Schönes Stadthotel in einem historischen Gebäude mit zehn traditionellen Zimmern. Zentrale Lage mit Blick auf den Hafen von Póthia. ■ Hafen Póthia, Tel. 6942838524 (mobil), www.apxontiko-hotel.com

€ | Harry's Paradise Die freundliche Gastgeberfamilie vermietet Studios und eine Villa in idyllischer Gartenanlage. Angeschlossen ist die hauseigene Taverne. ■ Ortskern Emporiós, Tel. 2243 040062, www.harrys-paradise.gr

€ | Marias Studio's Gepflegte Apartments mit Küche in ruhiger Lage. Traumhafter Ausblick auf Télendos. Freundliche Gastgeberin. ■ Myrtiés, Ortsteil Melitsáchas, Tel. 2243028528

€–€€ | Hyperion Hotel Komfortables Hotel in Strandnähe. Moderne Zimmer mit Balkon und Meerblick. Sehr gutes Preis-Leistungs-Verhältnis. ■ Myrtiés, Ortsteil Melitsáchas, Tel. 2243048864, www.hyperionhotel.gr

€€ | Carian Hotel Schickes Design-Hotel im ethnischen Stil mit Pool und Spa-Bereich. Geschmackvolle Zimmer und reichhaltiges Frühstück. Schöne Hotelterrasse mit Meerblick. ■ Massoúri, Ortsteil Armeos, Tel. 2243047700, www.carianhotel.gr

€€ | Elena Village Schönes Drei-Sterne-Hotel mit eigenem Pool. Geräumige Zimmer mit Küchenzeile. Herrlicher Meerblick von Balkon und Hotelterrasse. ■ Nördlich von Massoúri, Ortsteil Armeos, Tel. 2243048150, www.elenahotels.com

€€ | Petra Boutique Homes Idyllische Anlage für Ruhesuchende. Liebevoll ausgebaute Steinhäuser mit traumhaftem Ausblick auf die türkisblaue Bucht. ■ Arginónta, Tel. 2243040091, www.petraboutiquehomes.gr

Die exotischste Zutat?
Deine Neugier.
G|U
VIETNAM
TAJINE
TEX-MEX KÜCHE
So gut schmeckt die Welt.
Koch dich einmal um den Globus mit der erfolgreichsten Kochbuchreihe der Welt und aufregenden Ideen für Köstlichkeiten aus aller Herren Länder. Für dein leckerstes Ich.
Überall, wo es Bücher und E-Books gibt, und auf www.GU.de

ADAC Service Kos

Beim **ADAC Infoservice**, in den **ADAC Geschäftsstellen** sowie auf dem **Internetportal des ADAC** (adac.de) erhalten Sie Informationen zu den Dienstleistungen des Automobilclubs und zu Ihrem Reiseziel. Als **ADAC Mitglied** können Sie zudem das kostenlose **ADAC Tourset® Kos** mit vielen Reiseinfos und Karten anfordern oder die **Tourset App** auf dem **Smartphone** oder **Tablet-PC** installieren (adac.de/toursetapp).
Rufen Sie bei Pannen und Notfällen die **ADAC Pannenhilfe** bzw. den **ADAC Ambulanzdienst** an. Unser Team steht Ihnen rund um die Uhr zur Verfügung.

ADAC Infoservice

T 0800 510 11 12
Infos zu allen ADAC Leistungen
(Mo–Sa 8–20 Uhr, gebührenfrei)

ADAC Ambulanzdienst

T 089 76 76 76
(Erkrankung, Unfall, Verletzung, Transportfragen, Todesfall)

ADAC Pannenhilfe Deutschland

T 089 20 20 4000, Mobil 22 22 22
(Verbindungskosten je nach Netzbetreiber/Provider)

ADAC Pannenhilfe Ausland

T +49 89 22 22 22
(Verbindungskosten je nach Netzbetreiber/Provider)

Internet-Serviceangebote des ADAC für Ihre Reiseplanung

Service	Webadresse
Aktuelle Verkehrslage	adac.de/verkehr
ADAC Routenplaner	adac.de/maps
Infos zu Tankstellen und Spritpreisen	adac.de/tanken
Infos zu mautpflichtigen Strecken	adac.de/maut
Infos zu Fährverbindungen	adac.de/faehren
ADAC Tourmail (aktuelle Infos vor Anreise)	adac.de/tourmail
Informationen für Camper	adac.de/camping
Informationen für Motorradfahrer	adac.de/motorrad
Informationen für Segler und Skipper	adac.de/sportschifffahrt
ADAC Reiseangebote	adacreisen.de
ADAC Autovermietung	adac.de/autovermietung
ADAC Versicherungen für den Urlaub	adac.de/versicherungen
Weltweite Preisvorteile für ADAC Mitglieder	adac.de/vorteile-international

Diese **Produkte des ADAC** könnten Sie interessieren: **ADAC Reiseführer Kreta**, **ADAC Reiseführer plus Sardinien** und **ADAC Das große Kreuzfahrtbuch** – erhältlich im Buchhandel, bei den ADAC Geschäftsstellen und in unserem ADAC Online-Shop (adac.de/shop).

Anreise und Einreise

Auto und Autofähre

Wer einen längeren Aufenthalt auf Kos plant, kann mit dem eigenen Fahrzeug und der Autofähre anreisen. Der ADAC informiert über anfallende Mautgebühren in den Transitländern und in Griechenland. Die beliebteste Strecke nach Griechenland führt über Italien. Hier setzt man von Venedig, Ancona oder Bari nach Igoumenitsa oder Patras auf dem griechischen Festland über (Einzelfahrt pro Person ab 69 € für einen Deck-Sitzplatz, Pkw bis 6 m Länge ab 89 €). Für besseren Komfort ist eine Kabine empfehlenswert. Von den Fährhäfen geht es weiter nach Piräus, wo regelmäßig Fähren nach Kos übersetzen (Einzelfahrt pro Person ab 60 €, Pkw bis 4,25 m Länge ab 100 €). Die Fahrstrecke von Ancona nach Patras beträgt etwa 24 Std., von Piräus nach Kos 12 Std. Alternativ kann man auch die Route über den Balkan nehmen, die schnellste Verbindung geht wahlweise über Kroatien oder Ungarn, weiter nach Serbien und Nordmazedonien.

Fähren Italien–Griechenland:

- Anek-Superfast, über ADAC Fähren (www.adac-faehren.de, Tel. +49 67 19 20 69 30) und www.superfast.com
- Minoan Lines, über ADAC Fähren (s. o.) und www.minoan.gr

Fähren Piräus–Kos:

- Blue Star Ferries, www.bluestarferries.com

Bus

Auch wenn die Anreise mit dem Bus nach Griechenland keine einfache Möglichkeit darstellt, ist sie dennoch machbar. Von Deutschland kann man über Bulgarien nach Athen reisen. Verbindungen mit dem Fernbus-Unternehmen Flixbus sind von Deutschland in Bulgariens Hauptstadt Sofia möglich. Danach geht es mit dem Unternehmen Ardatur von Sofia in etwas mehr als 12 Std. bis nach Athen. In Athen gelangt man mit Bussen und Metro zum Fährhafen Piräus.

Bus Deutschland–Bulgarien

- Flixbus, www.flixbus.de, von Berlin nach Sofia ca. 33 Std., von München nach Sofia ca. 22 Std.

Bus Bulgarien–Griechenland

- Arda Tur, www.ardatur.bg, von Sofia nach Athen, Piräus ca. 13 Std.

Flugzeug

Der **Flughafen Hippokrátes (KGS)** wird in der Saison (April–Okt.) von allen großen Flughäfen in Deutschland, Österreich und der Schweiz angeflogen, im Winter erreicht man Kos nur mit Stopover in Athen und von dort aus weiter mit Olympic (www.olympicair.com) oder Sky Express (www.skyexpress.gr). Der Flughafen liegt zentral im Inselinneren und bietet somit recht kurze Hotel-Transferzeiten von max. 45 Min. Die Flugdauer von Deutschland beträgt etwa 3 Std.

Linienbusse verbinden den Flughafen mit der Hauptstadt und den Ortschaften Mastichári, Kéfalos und Kardámena. Bustickets werden direkt im Bus gelöst und kosten zwischen 2 und 3,20 €.

Eine einfache Fahrt mit dem Taxi vom Flughafen nach Kos-Stadt kostet 37–45 €, nach Kardámena 15–25 €.

- Flughafen Kos Hippokrátes (KGS), 23 km westlich von Kos-Stadt, Antimáchia, www.kgs-airport.gr

Einreise und Dokumente

Deutsche, Österreicher und Schweizer benötigen zur Einreise einen gültigen Personalausweis oder Reisepass. Alleinreisende Minderjährige brauchen eine amtlich beglaubigte Einverständniserklärung der Eltern, Babys und Kinder bis 12 Jahre einen Kinderreisepass.

Auto und Straßenverkehr

Führerschein und Papiere

Autofahrer benötigen den nationalen Führerschein, wer mit dem eigenen Fahrzeug anreist, auch den Kfz-Schein. Ebenso muss bei einer Autoanreise, sowohl über den Balkan als auch über Italien, die Grüne Versicherungskarte als Versicherungsnachweis mitgenommen werden.

Straßennetz

Das Straßennetz ist auf der ganzen Insel gut ausgebaut. Im Westen von Kéfalos gibt es noch einige Schotterpisten zu entlegenen Stränden. Ein breiter Insel-Highway verbindet den Osten ab Kos-Stadt mit Kéfalos im Westen. Mit Schlaglöchern, Bodenwellen und ungesicherten Baustellen muss jederzeit gerechnet werden. Die Bergregion rund um den Díkeos ist kurvenreicher, hier sollte vor allem auf Zweiradfahrer und Farmtiere achtgegeben werden.

Tempolimits

Fahrzeuge	innerorts	außerorts
Pkw und Wohnmobile bis 3,5 t	50 km/h	je nach Ausschilderung 70–110 km/h
Motorräder	40 km/h	max. 70 km/h

Verkehrsvorschriften

Im **Kreisverkehr** haben Fahrzeuge keine Vorfahrt, d.h., man muss den einfahrenden Fahrzeugen Vorfahrt gewähren, sofern durch Verkehrszeichen nicht anders geregelt. Es gilt ein **Rauchverbot** im Auto, wenn Kinder unter 12 Jahren mitfahren. Ein **Kindersitz** ist bis 12 Jahre oder 150 cm Körpergröße Pflicht. Für das **Abblendlicht** gibt es keine Empfehlung. Zur besseren Sichtbarkeit im Straßenverkehr kann es auch tagsüber eingeschaltet bleiben. Um schnelleren Fahrzeugen das Überholen zu ermöglichen, wird vor allem von Rollern und Quads auch der rechte Standstreifen zum Fahren genutzt. Die **Promillegrenze** liegt bei 0,5. Motorradfahrer und Personen, die erst seit zwei Jahren den Führerschein besitzen, dürfen nicht mehr als 0,2 Promille aufweisen. Es werden hohe **Bußgelder** bei Missachtung der Straßenverkehrsordnung fällig: Fahren ohne Sicherheitsgurt oder Helm wird beispielsweise mit bis zu 350 €, das Überfahren roter Ampeln mit bis zu 700 €, Telefonieren während der Fahrt mit 100 € und Falschparken mit 80 € geahndet.

Verkehrsschilder

Die Verkehrsschilder in Griechenland entsprechen weitestgehend denen in Deutschland. Das gelb-weiße Vorfahrtsschild sowie das umgedrehte Dreieck »Vorfahrt gewähren« gibt es in Griechenland kaum. Hier regelt das Stoppschild meist die Vorfahrt. Ein gelber durchgezogener Streifen am Straßenrand signalisiert ein Parkverbot. In blau markierten Bereichen ist das Parken gebührenpflichtig. Immer weniger findet man die weiß markierten Parkzonen, die gebührenfrei sind.

Unfall

Unfälle sollten sofort bei der Polizei und beim Mietwagenverleih gemeldet werden. Bei geringen Sachschäden veranlasst die Polizei in den meisten Fällen nur den Austausch der Personalien der Beteiligten, ein Unfallprotokoll wird in diesem Fall meist nicht aufgenommen. Ob die Autovermietung jedoch ein solches benötigt, sollte vor Ort erfragt werden. Miniatur-Kirchen am Straßenrand signalisieren in Griechenland einen verunglückten Verkehrsteilnehmer und stehen stellvertretend für das Straßenkreuz in Deutschland.

Tanken

Die größte Dichte an Tankstellen befindet sich entlang des Insel-Highways zwischen Kos-Stadt und Antimáchia. Mindestens eine Tankstelle gibt es in jeder größeren Ortschaft, wobei der Großteil täglich von 6–23 Uhr geöffnet hat. In Griechenland übernimmt das Tanken ein Tankwart, es wird nicht selbst getankt. Benzin bleifrei findet man auf Kos unter der Bezeichnung »Unleaded 95«.

Barrierefreies Reisen

Kos hat in Sachen Barrierefreiheit noch so einiges nachzuholen. Nur wenige Restaurants und Hotels auf der Insel sind rollstuhlgerecht, geschweige denn die dazugehörigen Toiletten. Die Einheimischen vor Ort sind jedoch sehr hilfsbereit.

Diplomatische Vertretungen

Da es auf Kos keine Konsulate gibt, sind die Botschaften der Länder in Athen zuständig.

Deutsche Botschaft Athen

■ Karaóli & Dimitríou 3, 10675 Athen, Tel. 2107285111, Bereitschaftsdienst in Notfällen Tel. 6932338153, www.griechenland.diplo.de

Österreichische Botschaft Athen

■ Vasilissís Sofías 4, 10674 Athen, Tel. 2107257270, www.bmeia.gv.at/oeb-athen

Schweizerische Botschaft in Athen

■ Iassiou 2, 11521 Athen, Tel. 2107230364, www.eda.admin.ch/athens

Feiertage

Rosenmontag, Ostern und Pfingsten werden in Griechenland nach dem julianischen Kalender statt wie in Deutschland nach dem gregorianischen Kalender gefeiert. Das griechische Osterfest, das den gleichen Stellenwert wie das Weihnachtsfest in Deutschland hat, kann so bis zu fünf Wochen später stattfinden als bei uns.
Neujahr (1. Jan.), Epiphanias, die Taufe Christi (6. Jan.), der Rosenmontag (15. März 2021, 7. März 2022), Unabhängigkeitstag (25. März), Karfreitag (17. April 2020, 30. April 2021, 22. April 2022), Ostern (19./20. April 2020, 2./3. Mai 2021, 24./25. April 2022), Tag der Arbeit (1. Mai, bewegl. Feiertag), Pfingsten (7./8. Juni 2020, 20./21. Juni 2021, 12./13. Juni 2022), Mariä Entschlafung (15. Aug.), Nationalfeiertag, Ochi-Tag (28. Okt.), Weihnachten (25./26. Dez.)

Geld und Währung

Griechenland ist Mitglied der Europäischen Währungsunion, Währung ist der Euro. Die Centmünzen werden »leptá« genannt. Gängige **Kredit-**

Festivals und Events

Januar

Dreikönigstag (6. Januar) – In Mastichári findet das Kreuztauchen statt, hierzu wird ein Heiliges Kreuz im Meer versenkt und von jungen Männern ertaucht.

Februar/März

Mariä Lichtmess (2. Februar) – Ein traditionelles Kirchweihfest findet in der Marienkirche von Paleo Pýli statt.
Karneval (15. März 2021) – Bereits ab Februar beginnt die griechische Faschingszeit (»apókries«). Am Rosenmontag picknicken die Koer in der Natur oder treffen sich zum Barbecue im Pláka-Wäldchen.
Unabhängigkeitstag (25. März) – Mit einer große Parade wird an den Befreiungskampf gegen die Osmanen in Kos-Stadt erinnert.

April

Páscha (Ostern, Karfreitag bis Ostermontag: 17.–20. April 2020, 30. April–3. Mai 2021) – Das wichtigste Fest in Griechenland. Höhepunkt ist die kirchliche Auferstehungsfeier am Ostersamstag. Am Ostersonntag wird das traditionelle Osterlamm gegrillt.
Patronatsfest Ágios Geórgios (23. April) – Kirchweihfeste zu Ehren des hl. Georgs werden überall auf Kos veranstaltet. In Pylí findet ein Pferderennen statt.

Juli

Patronatsfest Paraskeví (26. Juli) – Ein Festgottesdienst mit Prozession wird in der Kirche Agía Paraskeví in der Festung von Antimáchia gefeiert.
Hippokratia – Zu Ehren des berühmten Arztes Hippokrátes finden von Juli bis September Kulturwochen mit Theater- und Folkloreaufführungen statt. Termine bei der Touristen-Info.

August

Honigfest (1. Samstag im August) – Volksfest mit Honigdesserts in Antimáchia.
Mariä Entschlafung (14./15. August) – Das zweitwichtigste griechische Fest zu Ehren der Gottesmutter wird auf Kos und vor allem auf Nísyros mit Musik und Tanz ausgiebig gefeiert.
Patronatsfest Ioánnis (28. August) – Zum Gedenktag Johannes des Täufers findet ein großes Kirchweihfest am Kloster Ágios Ioánnis Thymianos auf Kéfalos statt.
Weinfest (letzte Augustwoche) – Erntefest vor Weinlese mit Verkostung in Asfendioú.

September

Mariä Geburt (7./8. September) – Ein großes Kirchweihfest wird in Kardámena mit Volkstänzen und Livemusik zu Ehren der Gottesmutter gefeiert.

Oktober

Climbing Festival (Anfang Oktober) – Sportkletterer aus aller Welt kommen nach Kálymnos, um auf dem felsigen Eiland ihre Kletterkünste zu erproben. Abends wird gefeiert.

Dezember

Patronatsfest Nikólaos (6. Dezember) – Festgottesdienste in Pylí und in Kos-Stadt.

karten und **Maestro-Karten** werden in Banken, Hotels, Restaurants, Tankstellen und Geschäften weitestgehend akzeptiert. In ländlicheren Regionen sollte man dennoch Bargeld dabeihaben. Geldautomaten gibt es auf der ganzen Insel in allen größeren Ortschaften. Je nach Anbieter fallen unterschiedlich hohe Automatengebühren an. Allgemeine Sperrnummer bei Kartenverlust: Tel. +49 116 116.

Kosten im Urlaub

(durchschnittliches Preisniveau)

Cappuccino	2,50–3,50 €
Softdrink	2,00–2,50 €
Bier 0,5 l	3,00–4,00 €
Gyros Píta	3,00–3,50 €
1 Liter Benzin	1,74–1,82 €
Mietwagen/Tag	ab 30 €

Gesundheit

Apotheken

An fast jeder Ecke auf Kos findet man die Apotheken (»farmakío«) mit dem grünen Kreuz. Die wichtigsten Medikamente für den Notfall, wie Schmerzmittel und Tabletten gegen Durchfall, bekommt man auch vor Ort, jedoch werden nicht alle deutschen Marken geführt. Aushänge am Eingang informieren über 24-Std.-Notdienste. Von 14–17 Uhr bleiben die meisten Apotheken geschlossen.

Krankenversicherung

Die Europäische Krankenversicherungskarte (EHIC) deckt auch Griechenland ab und bietet eine medizinische Grundversorgung für bis zu sechs Wochen. Die einfachste Abwicklung ist die Übernahme der Behandlungskosten vor Ort. Nach Rückkehr kann die Rechnung (inkl. Diagnose und Behandlungsposten) bei der gesetzlichen oder privaten Krankenkasse zur Erstattung eingereicht werden. Für umfangreichere Leistungen wie einen Krankenrücktransport ins Heimatland empfiehlt sich der Abschluss einer Auslandskrankenversicherung.

Krankenhäuser

Kos-Stadt verfügt über ein staatliches Krankenhaus, das jedoch aufgrund fehlender finanzieller Mittel in einem desolaten Zustand ist. Über die Insel verteilt sind in den größeren Ortschaften Fachärzte angesiedelt. Die private Einrichtung von »Kos medicare« ist ein Gesundheits- und Erste-Hilfe-Service auf Kos mit Medizinern verschiedener Fachrichtungen, die die Betreuung kleinerer Verletzungen und Erkrankungen übernehmen. Kos medicare ist sieben Tage die Woche rund um die Uhr erreichbar und führt auch Hotelbesuche durch.

- Staatliches Krankenhaus Kos, Mitropóleos 9, Kos-Stadt
- Private Klinik Kos medicare, Leof. El. Venizélou 5, www.kosmedicare.gr

Haustiere

Hunde und Katzen benötigen für die Einreise einen EU-Heimtierausweis mit gültiger Tollwutimpfung sowie eine Mikrochip-Kennzeichnung.

Information

Die offiziellen Auslandsvertretungen der **Griechischen Zentrale für Fremdenverkehr** (EOT, www.visitgreece.gr) versorgen Sie mit weiteren Informationen für die Reisevorbereitung.

Deutschland
■ Holzgraben 31, D-60313 Frankfurt/Main, Tel. +49 69/257 82 70, www.visitgreece.com.de

Österreich
■ Opernring 8, A-1010 Wien, Tel. +431/512 53 17, www.visitgreece.gr

Schweiz
Die Büros in Deutschland und Österreich sind auch für die Schweiz zuständig.

In Kos-Stadt gibt es eine **Touristeninformation**, die eine einfache Inselkarte und weitere Infomaterialien zur Verfügung stellt. Im Netz geben verschiedene Webseiten und Blogs nützliche Reisetipps und Hintergrundinformationen zur Insel Kos: www.info-kos.de, www.insel-kos.info, www.kos.gr, www.kosinfo.gr

Klima und beste Reisezeit

Die touristische Saison auf Kos geht von Ende April bis Ende Oktober. April und Mai sind ideale Monate für Naturfreunde, denn dann steht die Insel in voller Blüte. Ab und zu muss man noch mit einem kurzen Regenschauer rechnen. Im Frühjahr eignen sich die milden Temperaturen ideal für sportliche Aktivitäten. Das Meerwasser ist im Mai zum Baden noch recht kühl. Zur **Hauptsaison** im Juli und August können die Temperaturen an Land tagsüber bis auf 40 Grad ansteigen. In diesen beiden Monaten sind auch die Strände am stärksten frequentiert. Ab Mitte September geht es wieder etwas ruhiger zu, das Meer ist noch angenehm warm, und es bleibt weitgehend trocken. Die Landschaft im Herbst zeigt sich durch den fehlenden Niederschlag braun und verdorrt. Im Oktober sind die meisten Urlauber abgereist, es kehrt allgemein Ruhe auf der Insel ein. Die milden Temperaturen sind ideal zum Wandern und Radfahren. Ab und zu ist nun mit einem kleinen Schauer zu rechnen. Im Winter wirkt die Insel weitgehend ausgestorben, nur in Kos-Stadt haben einige Hotels ganzjährig geöffnet.

Nachtleben

Kos ist keine klassische Partyinsel. Dennoch gibt es in Kos-Stadt eine belebte **Barstreet** mit Kneipen und Diskotheken, in der meist ab Mitternacht ausgelassen gefeiert und getanzt wird. Auch Kardámena im Süden der Insel hat einiges an Nightlife zu bieten, in den Tanzclubs und Cocktailbars machen vor allem junge Urlauber die Nacht zum Tag.

Klimatabelle Kos

Monat	Luft (°C) min/max	Wasser °C	Sonne (h/Tag)	Regentage
Jan.	7/14	17	4	14
Feb.	8/15	16	5	10
März	9/17	16	6	9
April	12/21	17	8	6
Mai	15/25	18	10	5
Juni	19/29	20	12	1
Juli	21/31	23	12	0
Aug.	23/33	25	11	0
Sept.	20/28	24	10	2
Okt.	16/25	22	8	6
Nov.	13/19	20	6	8
Dez.	10/16	17	4	13

Notfall

Über die EU-weite **Notrufnummer** 112 kann man, auch über das Mobiltelefon, Polizei, Unfallrettung und Feuerwehr kontaktieren. Die griechische Polizei erreicht man auch über die 100, Krankenwagen über 166 und die Feuerwehr über 199. Touristenpolizei auf Kos: 22 42 02 24 44

Öffnungszeiten

Die **Sehenswürdigkeiten** auf Kos haben keine einheitlichen Öffnungszeiten. Archäologische Stätten waren z. B. 2019 immer dienstags geschlossen, jedoch ändern sich die Öffnungszeiten meist mit jeder neuen Saison. Sollte der Besuch mit einer längeren Anreise verbunden sein, hilft ein kurzer Anruf. Durch die Finanzkrise wird häufig Personal eingespart, somit bleiben einige Attraktionen ganz geschlossen oder haben verkürzte Öffnungszeiten. Auch auf Kos gibt es eine Siesta. Apotheken, **Geschäfte** und Boutiquen bleiben in der Regel zwischen 14 und 17 Uhr geschlossen, haben dann jedoch am Abend oft bis 21 Uhr oder länger geöffnet. Eine Ausnahme bilden die **Souvenirläden** entlang der Einkaufsgasse in Kos-Stadt sowie in Kardámena, diese haben in der Saison von Mai bis Oktober täglich von 9–22 Uhr geöffnet. Supermärkte öffnen wochentags durchgängig von 8–21 Uhr. Kritikos-Supermärkte und Minimärkte bieten eine tägliche Versorgung auch sonntags zwischen 8 und 23 Uhr an. Soweit nicht anders angegeben, haben **Tavernen** und **Restaurants** keine Ruhetage. Die meisten öffnen um die Mittagszeit gegen 11 Uhr und schließen erst um Mitternacht. Einige exklusive Restaurants öffnen erst am Abend um 17 Uhr. **Strandbars** und **Clubs** sind in der Hauptsaison im Juli und August täglich geöffnet. Mit Beginn der Nebensaison werden Öffnungszeiten in vielen Einrichtungen sehr flexibel gehandhabt, im Zweifelsfall sollte man sich vorab telefonisch erkundigen.

Post

Die Postämter (»tachydromío«) sind Mo–Fr von 7.30–14.45 Uhr geöffnet. Der Versand von Postkarten und Briefen innerhalb Europas dauert 3–7 Tage und kostet ab 85 Cent. Briefmarken bekommt man oft auch in Geschäften. Die griechischen Briefkästen sind gelb und tragen die Aufschrift »ELTA«.

Rauchen und Alkohol

Rauchen ist in Griechenland in öffentlichen Gebäuden, Flughäfen und Verkehrsmitteln offiziell verboten. Während man sich am Flughafen und in Verkehrsmitteln daran hält, wird in Restaurants, Cafés und Bars meist ungeachtet der Gesetzeslage weitergeraucht. **Alkohol** wird an Personen ab 18 Jahren ausgeschenkt.

Sicherheit

Die gesamte griechische Inselwelt einschließlich Kos gehört zu den **sichersten Reisezielen** in Europa. Die Griechen sind ein äußerst gastfreundliches Volk und freuen sich über jeden Urlauber. In dichtem Gedränge oder in Menschenansammlungen sollte man wie überall auf der Welt auf seine Wertsachen achtgeben. Auch im Auto sollte man seine Wertgegenstände nicht offen herumliegen lassen.

Souvenirs

Klassisches Inselsouvenir ist der in Kos gewonnene **Thymianhonig**, den man sowohl in der Markthalle von Kos-Stadt als auch bei den Erzeugern Melissa oder Papoura in Kéfalos kaufen kann. Ein nützliches Mitbringsel ist außerdem Olivenöl, ebenfalls zu erwerben in der Markthalle oder in der Olivenölfabrik Hatzipetros zwischen Tigáki und Marmári. Edle Tropfen von den Weingütern der Insel erhält man bei den Produzenten selbst, aber auch in vielen Supermärkten. In Kos-Stadt und den Touristenorten gibt es zahlreiche **Souvenirläden**, in denen die typischen Griechenland-Mitbringsel wie Ouzo, Antikenkopien oder Anhänger und Taschen mit dem bösen Blick erworben werden können. Auf Kálymnos sind **Naturschwämme** ein beliebtes Souvenir, auf Nísyros kann man das Inselgetränk **»soumáda«** (Mandelsirup) oder Gesichtsmasken aus Vulkanschlamm kaufen. Alte Kunstgegenstände oder Antiquitäten dürfen, wenn überhaupt, nur mit Genehmigung des Kultusministeriums ausgeführt werden.

Sport

Angeln

Generell ist Fischen im Meer erlaubt, sofern man vom Ufer aus angelt. Angelsets und Zubehör sind in vielen Supermärkten und einigen Fachgeschäften erhältlich. Für den privaten Angelausflug auf dem offenen Meer ist eine Fischerei-Lizenz der Hafenpolizei nötig. Organisierte **Angelausflüge** werden am Hafen von Kos-Stadt angeboten, u.a. von Captain Tasos, Tel. 00 30 69 49 56 35 78, www.captain-tasos.business.site

Radfahren und Mountainbiking

Besonders die flache Nordküste von Kos macht die Insel zu einem Radler-Paradies. Um Kos-Stadt herum sind gut ausgebaute kilometerlange Radwege vorhanden. Im bergigen Inselinneren warten teils ruhige Asphaltstraßen und unzählige Schotterpisten auf Mountainbiker. Über die ganze Insel verteilt gibt es Fahrradverleiher, zum Beispiel in Lambí bei **KOS Bike Rentals – Fanis Bikes** (www.kosbikerentals.com) und in Kos-Stadt und Tigáki bei **Moto Harley** (www.moto-harley.nl). Die Besitzer von Moto Harley, Petra aus Holland und ihr Mann Takis, bieten auch Fahrradtouren auf der Insel an. Wer es etwas bequemer mag, der kann sich bei **Ideal Rentals** in Kos-Stadt (www.idealrentals.eu) ein Elektrofahrrad mieten.

Reiten

Die vielen malerischen Strandabschnitte der Nordküste und die abwechslungsreiche Landschaft in den Bergen von Kos sind ideal für Ausritte. Auf Kos gibt es gleich mehrere Reitställe, dabei ist auf den Zustand der Tiere zu achten. Empfehlenswert ist zum Beispiel **Erika's Horse Farm** (www.erikashorsefarm.gr) für strandnahe Ausritte oder das **Kardámena Horse Riding Center** (www.kardamenahorseriding.com) für bergige Touren.

Schnorcheln und Tauchen

Einfaches Schnorcheln ist auf Kos generell erlaubt, hierfür eignen sich besonders die Kéfalos-Bucht im Südwesten und der Abschnitt vor der Embrós-Therme. Tauchen mit Druckluftflasche erfordert eine Tauchlizenz und sollte in Begleitung eines Tauchlehrers durchgeführt werden. Die Entwendung archäologischer Unterwasserfunde ist strengstens verboten. Auf Kos gibt es mehrere Tauchstationen. In Kos-Stadt findet man **Liamis Diving Centre** (www.kosdiving.com) und in Psalídi **Kos Divers – Padi 5* Dive Center** (www.kosdivers.com). In Kardámena bietet das **Arian Diving Centre** (www.arian-diving-centre.com) Tauchgänge an, in Kéfalos das **Sea World Diving Center Kos** (www.seaworldkos.gr).

Segeln

Die Dodekánes-Inseln gelten als gutes Segelgebiet. Kos stellt eine Alternative zu Rhodos als Ausgangspunkt für Segeltörns in der Ostägäis dar. In südliche Richtung kann man zum Beispiel nach Nísyros, Tílos, Sými, Chálki und Rhodos segeln. Nach Norden segelt man nach Kálymnos, Léros, Lipsí und Pátmos. Mehr Infos findet man auf der Internetseite der **Kos Marina** (www.kosmarina.gr).

Tennis

In vielen großen Hotelanlagen gibt es Tennisplätze, zum Teil auch mit Flutlicht. Der **Tennisclub KOS** in Peleziki nahe Kos-Stadt bietet ebenfalls die Möglichkeit für ein Match an. Tel. 22 42 03 01 31.

Wandern

Obwohl Kos keine klassische Wanderdestination ist und es kaum Wegmarkierungen gibt, kann man auf Entdeckungstour gehen. Vor allem auf der Halbinsel Kéfalos und im Díkeos-Gebirge findet man naturbelassene Pfade, die im Frühjahr besonders reizvoll sind. Eine der schönsten Wanderungen auf Kos führt auf den höchsten Berg der Insel, den 846 m hohen Díkeos. Auf dem Kos Reiseblog www.info-kos.de ist die Wanderung ausführlich beschrieben. Festes Schuhwerk, Sonnenbrille, Kopfbedeckung sowie ausreichend Wasser und etwas Proviant gehören ins Wandergepäck. Im Hochsommer sollte die Mittagshitze gemieden werden.

Wassersport

Auf Kos wird einiges an Funsport geboten, wie zum Beispiel Wasser- und Jetski sowie Banana-Riding und Parasailing. Wer es etwas ruhiger mag, der findet über die ganze Insel verteilt auch Verleiher für Tretboote oder für das beliebte Stehpaddeln (SUP). Man findet die Wassersportzentren an den großen Stränden von Tigáki, Lambí, Kardámena und Kéfalos.

Windsurfen und Kiten

Kos ist ein beliebtes Surfrevier in der Ägäis. Sowohl Anfänger als auch Fortgeschrittene kommen beim Windsurfen und Kiten voll auf ihre Kosten. Meist weht der kräftige Meltémi-Wind im Sommer aus Nordwest. Die beliebtesten Surfreviere liegen vor den Stränden von Psalídi, Marmári, Mastichári und Kéfalos. Bei **Kéfalos Windsurfing** (www.kefaloswindsurfing.com) gibt der Schweizer Jens Unterricht (auch in Deutsch). Kitesurfer finden vor allem im Norden an den Stränden von Kochylari und bei Marmári ihre Reviere.

Sprache

Die griechische Sprache ist eine der ältesten Sprachen der Welt. Leider existiert kein einheitliches **Transkriptionssystem**, sodass griechische Bezeichnungen uneinheitlich wiedergegeben werden. Unterschiedliche Schreibweisen der Ortsnamen auf Kos sind daher keine Seltenheit. Im Navigationssystem muss man verschiedene Varianten ausprobieren: Antimáchia auch Andimáchia, Mastichári auch Mastihári oder Pylí auch Pilí. Die **Abweichungen** der verwendeten Schreibweisen in diesem Reiseführer sollten deshalb nicht zu Irritationen führen. Die **Akzente**, mit denen die griechischen Begriffe in diesem Reiseführer versehen sind, sollen der richtigen Betonung und Aussprache dienen. Gerade die korrekte Betonung ist für die Kommunikation vor Ort sehr bedeutend. Obwohl fast überall auf Kos Englisch gesprochen wird, freut man sich immer über Besucher, die ein paar Wörter Griechisch sprechen.

Strom und Steckdose

Die elektrische Spannung beträgt in Griechenland 230 Volt. Reiseadapter werden nicht benötigt, deutsche Stecker passen in die Steckdosen vor Ort.

Telefon und Internet

Griechische **Telefonnummern** sind generell zehnstellig. Die Vorwahlen sind in die Telefonnummern bereits integriert. Ortsvorwahlen müssen damit nicht zusätzlich gewählt werden. Festnetznummern beginnen stets mit einer 2, Mobilfunknummern mit einer 6. Aufgrund der neuen EU-Verordnung entfallen seit Juni 2017 die **Roaming-Gebühren** im EU-Ausland. Genaue Informationen erhält man von seinem Heimat-Mobilfunkanbieter. Das **Mobilfunknetz** auf Kos ist sehr gut ausgebaut und der Empfang an nahezu jedem Ort vorhanden. Aufpassen sollte man in Küstennähe zur Türkei, hier kann sich das Handy je nach Signalstärke in das erheblich teurere Nicht-EU Mobilfunknetz der Türkei einwählen. Verhindern kann man dies, indem man den Netzempfang manuell auf einen der griechischen Anbieter Vodafone GR, Cosmote oder Wind einstellt.

Internationale Vorwahlen:

- Griechenland 00 30
- Deutschland 00 49
- Österreich 00 43
- Schweiz 00 41

Kostenloses **WLAN** (Free WiFi) wird in den meisten Tavernen, Restaurants und Cafés auf der ganzen Insel angeboten. Nahezu alle großen Hotels und viele kleine Gasthäuser bieten freies Internet an. Auch an vielen bewirtschafteten Stränden wird mittlerweile Free WiFi neben der Nutzung von Sonnenschirmen und Liegen angeboten.

Trinkgeld

Wie auch in Deutschland gibt man bei gutem Service ein Trinkgeld in Höhe von **10 %**. Auch Zimmermädchen, Gepäckträger und Tourguides freuen sich über einen kleinen Obolus. In Griechenland lässt man sich normalerweise erst das Rückgeld in voller Höhe herausgeben, und das gewünschte Trinkgeld verbleibt dann auf dem Tisch.

Umgangsformen

Wer freundlich und höflich auf Einheimische zugeht, wird von der griechischen **Gastfreundschaft** begeistert sein. Dazu gehört es, ein paar Wörter in der Landessprache zu beherrschen, die Griechen freuen sich vor allem in den ländlicheren Regionen über ein nettes »Kaliméra« (Guten Morgen!), »Kalispéra« (Guten Tag/Abend!) oder »Gia sas« (Hallo!) sowie ein »Efcharistó polí« (Vielen Dank!). Die meisten Griechen in den Touristenorten sprechen gut Englisch, manche können durch Auslandsaufenthalte auch etwas Deutsch. Dennoch sollte man aus Anstand vorab erfragen, welche Sprache gesprochen wird und seine Bestellung im Restaurant oder Café nicht einfach selbstverständlich auf Deutsch aufgeben. Einheimische sollten vorab immer gefragt werden, wenn man sie oder ihre privaten Besitztümer fotografieren möchte. Der **Kleidungsstil** auf Kos ist zwanglos, in Kos-Stadt oder im Landesinneren sollte man sich nach dem Strandbesuch jedoch etwas überziehen. In den Küstenorten wird das etwas lockerer gesehen. In vornehmen Hotels oder Restaurants wird Wert auf angemessene Kleidung, vor allem auf lange Hosen bei Männern, gelegt. In Kirchen und Klöstern müssen Schultern und Knie bedeckt werden, in manchen Gotteshäusern liegen Tücher zum Ausleihen bereit. **FKK** ist in Griechenland offiziell verboten. In einsamen entlegenen Buchten wird Nacktbaden jedoch meistens toleriert.

Unterkunft und Hotels

Camping

In Griechenland ist Wildcampen offiziell verboten und kann mit Geldstrafen geahndet werdet. Das gilt auch für Übernachtungen am Strand. Auf Kos gibt es keine **Campingplätze**.

Ferienwohnungen und -häuser

Auf Kos gibt es ein großes Angebot an **Ferienhäusern**, **Apartments** und **Studios** zur Selbstversorgung. Die meisten Angebote konzentrieren sich rund um Kos-Stadt und die Bergregion Díkeos. Vom rustikalen Steinhaus im Grünen bis zur **Luxusvilla** mit eigenem Pool ist alles dabei. Vor allem für die Hauptsaison im Juli und August sollte weit im Voraus gebucht werden. In der Nebensaison dagegen bekommt man so manches Schmuckstück zu einem deutlich günstigeren Preis. Die meisten Häuser bieten Platz für 4–6 Personen. Ein eigenes Fahrzeug ist je nach Lage der Unterkunft empfehlenswert.

Hotels

Die meisten Hotels auf Kos empfangen Pauschalurlauber und bieten Vollverpflegung an. **All-inclusive Anlagen** dominieren vor allem die Nordküste rund um Tigáki und Marmári, die Gegend von Kos-Stadt im Osten sowie Kardámena im Süden. Vor allem in Kéfalos im Westen findet man noch einige familiengeführte Hotels, in denen man günstig übernachten kann. Exklusive Resorts und schicke Boutique-Hotels sind ebenfalls über die gesamte Insel verteilt und bieten meist Frühstück oder Halbpension an. Mit Ausnahme von Kos-Stadt sind die meisten Hotels von Ende April bis Ende Oktober geöffnet. In der Hauptstadt findet man Cityhotels, die ganzjährig betrieben werden. Auf Kos sind Hotels nach dem **Fünf-Sterne-System** klassifiziert. Vor Buchung lohnt sich der Preisvergleich in Internetportalen, beim Reiseveranstalter oder direkt im Hotel. In den einzelnen Ortschaften gibt es eine hohe Dichte an Tavernen mit gutem Preis-Leistungs-Verhältnis, die eine Vollverpflegung oder All-inclusive meist überflüssig machen. Darüber hinaus unterstützt man so die lokale Bevölkerung und taucht in die kulinarischen Besonderheiten der Insel ein.

Privatzimmer

In den letzten Jahren stieg das Angebot an **Privatzimmern** aufgrund der beliebten Buchungsplattform Airbnb (www.airbnb.com) auch auf Kos. Unterkünfte bei Privatpersonen sollte man im Juli und August weit im Voraus buchen, in der Nebensaison bekommt man meist auch noch spontan ein freies Zimmer. In den größeren Ortschaften gibt es Hinweisschilder für Privatzimmer »Rooms for Rent«, deren Ausstattungsqualität und Komfort stark variieren. Vor Anmietung empfiehlt es sich, sich das Zimmer vorab zeigen zu lassen.

Verkehrsmittel auf der Insel

Bus

Auf Kos gibt es sowohl **City-Busse** (DEAS) für das Zentrum und die Region um Kos-Stadt als auch Überland-Busse (KTEL) für den Rest der Insel. Aktuelle Fahrpläne sind an den Haltestellen, im Internet und in vielen Hotels hinterlegt. Die Preise sind mit 2–4,80 € für eine einfache Fahrt günstig. Kinder unter sechs Jahren fahren kostenlos. An Sonn- und Feiertagen fahren weniger Busse.

Ausgangspunkt der **Überland-Busse** ist der zentrale Busbahnhof in Kos-Stadt (Odós Kleopátras 7). Die Touristenorte Tigáki, Marmári und Kardámena werden von Kos-Stadt fast stündlich zwischen 9 und 23 Uhr angesteuert. In den Bergdörfern Ziá und Pylí sowie Antimáchia hält der Bus nur dreimal pro Tag. Ans andere Inselende nach Kéfalos fahren etwa sechsmal täglich Busse. Ab dem Flughafen fahren Busse werktags zwischen 6.30 und 19.50 Uhr über Mastichári nach Kos-Stadt. Leider sind die einzelnen Ortschaften meist nicht untereinander verbunden, d. h., man muss beispielsweise, um von Kardámena nach Ziá zu gelangen, erst nach Kos-Stadt fahren und dann von dort aus mit dem Bus nach Ziá.

Bustickets erwirbt man direkt im Bus, es gibt keine Ticketautomaten oder -schalter. Inter City Bus KTEL Kos S.A., Odós Kleopátras 7, Kos-Stadt, Tel. 22 42 02 22 92, www.ktel-kos.gr

Ausgangspunkt der **City-Busse** ist der Busbahnhof nahe dem Gerichtsgebäude (Aktaíon), direkt neben dem Hotel Albergo Gelsomino. Die Linienbusse verbinden Kos-Stadt mit Lambí, Psalídi, Ágios Fokás, Platáni sowie mit dem Asklepieion. Die meisten Busse verkehren stündlich, Richtung Ágios Fokás teilweise sogar alle 30 Min. Tickets erwirbt man vorab am Schalter des Busbahnhofes oder direkt im Bus, dann kosten sie jedoch etwa 10 % mehr. Inner City Bus DEAS Kos, Aktí Miaoúli, Kos-Stadt (Kiosk am Aktaíon), Tel. 22 42 02 62 76.

Fähren

Kos gilt als sehr guter Ausgangspunkt für Ausflüge auf andere Dodekánes-Inseln und auf das türkische Festland. Ab Kos-Stadt verkehren **Passagier- und Autofähren** in der Hauptsaison täglich zu anderen Inseln, wie z. B. nach Kálymnos, Léros oder Pátmos. Fähren nach Bodrum (Türkei) verkehren in der Saison täglich (Dauer der Überfahrt: 45–50 Min.). Tickets und Tagestouren können vor Ort am Mandráki-Hafen gebucht werden. Weiterhin gibt es Fährverbindungen ab Mastichári auf die Inseln Kálymnos und Psérimos. Von Kardámena starten in der Hauptsaison um 9.30 Uhr mehrere Passagierfähren auf die Insel Nísyros (Überfahrt ca. 50 Min.). Tickets können an den jeweiligen Häfen erworben werden.

Mietwagen

Die Insel Kos lässt sich besonders gut individuell mit einem Mietwagen erkunden. Neben Pkws kann man auch Roller, Motorräder, Quads und Buggys anmieten. In nahezu jedem größeren Ort gibt es lokale Autoverleiher. Neben oft günstigeren regionalen Firmen findet man am Flughafen und in Kos-Stadt auch die internationalen **Mietwagenanbieter**. In der Nebensaison gibt es Mietwagen bereits ab 30 € pro Tag. Je länger man mietet, desto günstiger wird der Tagespreis. Zu achten gilt es auf vorhandene Haftpflicht- bzw. Vollkaskoversicherung sowie auf etwaige Schäden am Fahrzeug. Für die **Anmietung** benötigt man in der Regel als Sicherheit eine Kreditkarte und muss mindestens 21 Jahre alt sein sowie bereits ein Jahr im Besitz eines Führerscheins. Das Befahren von Schotterpisten mit einem nicht geländetauglichen Fahrzeug ist oft vertraglich untersagt, hier sollte man sich vorab beim Vermieter erkundigen. Für Mitglieder bietet die **ADAC Autovermietung** günstige Konditionen an. Buchungen sind über adac.de/autovermietung, die ADAC Geschäftsstellen oder unter Tel. 089 76 76 20 99 möglich.

Taxi

Taxifahrten sind etwas günstiger als in Deutschland. Die meisten Taxis fahren ohne Taxameter, nur mit Festpreis, d. h., vor der Fahrt wird der Streckenpreis festgelegt. So kostet eine Fahrt vom Flughafen nach Kos-Stadt etwa 37–45 € inklusive Steuern. Die **Tarife** sind am Flughafen ausgeschrieben. Am Mandráki-Hafen in Kos-Stadt befindet sich der Haupt-Taxistand. Radio Taxi Kos, Asklipioú 2, Kos-Stadt, Tel. 22 42 02 33 33, www.kosradiotaxi.gr

Zeitverschiebung

Auf Kos gilt die **Osteuropäische Zeit** (MEZ + 1 Std.). Bei Ankunft wird die Uhr eine Stunde vorgestellt. Zudem gibt es Sommer- und Winterzeit.

Zollbestimmungen

Die Ausfuhr archäologischer Gegenstände, und wenn es nur ein kleiner Stein einer Ausgrabungsstätte ist, ist strengstens verboten und zieht im schlimmsten Fall eine Haftstrafe nach sich. Antiquitäten und Kunstgegenstände dürfen ebenfalls nur mit Genehmigung des Kultusministeriums ausgeführt werden. Der Einsatz von Pfefferspray in Gefahrensituationen ist in Griechenland verboten.

Für Ausflüge in die Türkei gelten die Zollbestimmungen für Nicht-EU-Länder, über diese sollte man sich vor Einreise auf www.zoll.de informieren. Zwischen **EU-Ländern** ist der persönliche Reisebedarf abgabenfrei. Richtmengen für den privaten Verbrauch: 800 Zigaretten, 400 Zigarillos, 200 Zigarren, 1 kg Rauchtabak, 10 l Spirituosen, 10 l alkoholhaltige Süßgetränke (Alkopops), 20 l andere alkoholische Getränke bis 22 % Vol., 60 l Schaumwein, 110 l Bier, 10 kg Kaffee. Infos: www.zoll.de bzw. www.bmf.gv.at/zoll

Bei Einreise in die **Schweiz** liegt die Wertfreigrenze für den privaten Gebrauch bei CHF 300 (inkl. Alkohol und Tabak). Abgabefrei sind 250 Zigaretten/Zigarren oder andere Tabakwaren, ferner 5 l alkoholische Getränke bis 18 % Vol., 1 l alkoholische Getränke über 18 % Vol., beschränkt ist außerdem die Mitnahme von Lebensmitteln wie Fleisch, Butter und Öle. Infos: www.ezv.admin.ch

Die Geschichte von Kos

Um 5000 v. Chr. Erste Siedlungsspuren in der Höhle Áspri Pétra auf Kéfalos.

Um 1200 v. Chr. Laut Homer nimmt Kos am Trojanischen Krieg teil.

700 v. Chr. Kos wird durch den Sechsstädtebund (Hexapolis) bedeutend im Seehandel.

um 550 v. Chr. Besatzung der Insel durch die Perser.

460 v. Chr. Hippokrates von Kos wird im Ort Astypálaia (Kéfalos) geboren.

411 v. Chr. Die Hauptstadt Astypálaia wird von den Spartanern angegriffen und stark beschädigt.

366 v. Chr. Gründung einer neuen Stadt an der heutigen Stelle der Hauptstadt.

336 v. Chr. Kos wird Teil des Königreichs von Alexander dem Großen.

146 v. Chr. Kos wird römisch und erreicht mit 100 000 Einwohnern seine wirtschaftliche und kulturelle Blüte.

380 Das Christentum wird zur Staatsreligion. Zahlreiche Kirchen, wie die Ágios Stéfanos Basilika auf Kéfalos, entstehen.

395 Kos gehört zum Oströmischen Reich, dem späteren Byzanz.

554 Durch ein schweres Erdbeben werden die Hauptstadt und das Asklepieion stark beschädigt.

11.–13. Jh. Die Burg Paléo Pylí wird zum Schutz vor Piraten errichtet. Nach dem Zerfall von Byzanz wird Kos Venedig zugesprochen, später den Genuesen.

1309 Kos gehört 200 Jahre dem Johanniterorden an. Die Festungen Antimáchia und Nerátzia entstehen.

1523 Kos fällt für fast 400 Jahre unter die Herrschaft der Osmanen.

1832 Unabhängigkeit von Griechenland. Kos gehört weiterhin dem Osmanischen Reich an.

7. Mai 1912 Landung italienischer Soldaten, Kos steht für 30 Jahre unter italienischer Herrschaft.

21. April 1933 Ein katastrophales Erdbeben zerstört die Hauptstadt. Die Italiener tragen zum Wiederaufbau der Stadt bei.

1943 Besatzung durch die deutsche Wehrmacht.

31. Dezember 1947 Kos und der Dodekánes werden Teil von Griechenland.

1967–1974 Militärdiktatur in Griechenland.

1981 Beitritt zur Europäischen Gemeinschaft (EG/EU).

2009–2015 Die Sparmaßnahmen der Wirtschaftskrise führen zu drastischen sozialen Einschnitten.

2015 Tausende Flüchtlinge erreichen von der Türkei die Insel über den schmalen Seeweg.

21. Juli 2017 Ein Erdbeben der Stärke 6,7 erschüttert Kos.

2019 In den vergangenen zwei Jahren erlebt der Tourismus wieder einen Aufschwung.

Noch heute sind die durch das Erdbeben von 2017 entstandenen Schäden an Kirchen und Wohnhäusern zu erkennen

Griechisch für die Reise

Das Wichtigste in Kürze	Aussprache	Griechisch
Ja/Nein	né/óchi	ναι/όχι
Bitte/Danke	parakaló/efcharistó	παρακαλώ/ευχαριστώ
Hallo!/Auf Wiedersehen!	Jássas!/Andío!	Γειά σου!/Αντίο!
Guten Morgen!/Guten Tag!	Kaliméra!/Kalispéra!	Καλημέρα!/Καλησπέρα!
Guten Abend/Gute Nacht	Kalispéra!/Kaliníchta!	Καλησπέρα!/ Καληνύχτα!
Mein Name ist ...	To ónoma mu íne ...	Το όνομα μου είναι ...
Entschuldigung!	Signómi	Συγνώμη!
Achtung!/Vorsicht!	Prossochí!	Προσοχή!
Ich verstehe Sie nicht	δen sas katalawéno	Δεν σας καταλαβαίνω
Wie viel kostet das?	Pósso koss-tísi aftó?	Πόσο κοστίζει αυτό;
Damen/Herren	Ginekón/Andrón	Γυναικών/Αντρών
geöffnet/geschlossen	anichtó/klistó	ανοιχτό/κλειστό
gestern/heute/morgen	chtés/símera/áwrio	χτές/σήμερα/αύριο
Wo ist ...?	Pú íne ...?	Πού είναι ...?
Ist das der Weg nach ...?	Aftós íne o δrómos giá ...?	Αυτός είναι ο δρόμος για ...?
Ich möchte ...	Θélo ...	Θέλω ...
Die Rechnung, bitte!	Ton logariasmó, parakaló!	Τον λογαριασμό, παρακαλώ!
Auto	aftokínito	αυτοκίνητο
Tankstelle	wensináδiko	βενζινάδικο
Super/Diesel	súper/dísel	σούπερ/ντίζελ
bleifrei	amóliwδi	αμόλυβδη
Panne	wláwi	βλάβη

Wochentage

Montag/Dienstag	δeftéra/Tríti	Δευτέρα/Τρίτη
Mittwoch/Donnerstag	Tetárti/Pémpti	Τετάρτη/Πέμπτη
Freitag/Samstag	Paraskewí/Sáwwato	Παρασκευή/Σάββατο
Sonntag	Kiriakí	Κυριακή

Monate

Januar/Februar	Ianuários/Fewruários	Ιανουάριος/Φεβρουάριος
März/April	Mártios/Aprílios	Μάρτιος/Απρίλιος
Mai/Juni	Máios/Iúnios	Μάιος/Ιούνιος
Juli/August	Iúlios/Áwgustos	Ιούλιος/Αύγουστος
September/Oktober	Septémwrios/Októwrios	Σεπτέμβριος/Οκτώβριος
November/Dezember	Noémwrios/δekémwrios	Νοέμβριος/Δεκέμβριος

Zahlen

1 éna ένα	4 téssera τέσσερα	7 eftá εφτά	10 δéka δέκα
2 δío δύο	5 pénde πέντε	8 ochtó οχτώ	100 ekató εκατό
3 tría τρία	6 éxi έξι	9 enniá εννιά	1000 chília χίλια

Hinweise zur Aussprache

Θ wie englisches »th« in »thanks«, mit der Zungenspitze zwischen den Zähnen
δ wie englisches »th« in »the«, mit der Zungenspitze hinter den Zähnen
´ der Buchstabe mit Akzent wird betont

Alle Blickpunkt-Themen in diesem Band:

Register

Bildnachweis
Titel: Traumstrand Kavo Paradiso auf der Halbinsel Kéfalos (Kos)
Foto: **Alamy Stock** (George Papapostolou)

Innenteil: alle Bilder Thomas Jastram (privat) außer **Shutterstock.com:** G. Papapostolou S. 3, 9, 65; Telsek S. 12; kvika S. 17; Nejdet, Duzen S. 42; Manolis Smalios; S. 55; Aiste Varanauskiene S. 77; Cegli S. 144.1; **Sails on Kos:** S. 81; **stock.adobe.com:** imagIN photography S. 110; **Pyrgos Stone House:** S. 110

Zum Zeitpunkt der Drucklegung waren die Auswirkungen von Covid-19 auf das Hotel- und Gastgewerbe vor Ort noch nicht vollständig abzusehen. Bitte informieren Sie sich über die jeweiligen Internetadressen.

Herausgeber: GRÄFE UND UNZER VERLAG GmbH, Postfach 86 03 66, 81630 München
Leitender Redakteur: Benjamin Happel
Autoren: Elisabeth und Thomas Jastram
Verlagsredaktion: Silke Tauscher (verantw.), Gernot Schnedlitz, Nadia Terbrack
Redaktion: Rosemarie Elsner
Satz: Andreas Grassinger, agenturAG, München
Bildredaktion: Dr. Nafsika Mylona
Schlusskorrektur: Ulla Thomsen
Reihengestaltung: Independent Medien Design, Horst Moser, München
Eva Stadler, München
Kartografie: Huber Kartographie GmbH, www.kartographie.de;
Herstellung: Mendy Willerich
Druck + Bindung: Drukarnia Dimograf Sp z o.o. (Polen)

Ansprechpartner für den Anzeigenverkauf:
KV Kommunalverlag GmbH & Co. KG,
MediaCenter München,
Tel. 089/928 09 60

GRÄFE UND UNZER

Ein Unternehmen der
GANSKE VERLAGSGRUPPE

ISBN 978-3-95689-698-9
1. Auflage 2021

LESERSERVICE
adac@graefe-und-unzer.de
Tel. 00800/72 37 33 33 (gebührenfrei in D, A, CH)
Mo–Do: 9–17 Uhr, Fr: 9–16 Uhr

Aus Gründen der besseren Lesbarkeit wird in diesem Buch bei Personenbezeichnungen das generische Maskulinum verwendet. Es gilt gleichermaßen für alle Geschlechter.

Bei Interesse an maßgeschneiderten B2B-Produkten:
roswitha.riedel@graefe-und-unzer.de

Unterwegs auf Kos

Fahrrad und E-Bike

Kos ist die Insel des Fahrrads und verfügt über ein gut ausgebautes Radwegenetz rund um Kos-Stadt im Osten. Mountainbiker zieht es dagegen in die Bergregion des Díkeos. Zum Verleih stehen Trekkingräder, Mountain- und E-Bikes zur Verfügung.

■ Anbieter auf S. 32

Mietwagen

Kos' kompakte Größe macht es möglich, die Insel mit dem Pkw an nur einem Tag zu umrunden. Während die Überland-Busse nur von Kos-Stadt aus die einzelnen Ortschaften anfahren, ist man mit einem eigenen Fahrzeug flexibler unterwegs und gelangt so auch zu abgelegenen Geheimtipps, wie der Westküste von Ágios Theológos.

■ Details auf S. 135

Quad (ATV) und Buggy

Wer den wilden Westen von Kos erkunden möchte, ist mit einem geländetauglichen Fahrzeug am besten beraten. Auf unwegsamen Schotterpisten zu einsamen Stränden sind robuste Quads und Buggys mit Allradantrieb die beste Wahl. Für Bergetappen empfiehlt sich ein Quad über 150 Kubik.

■ Anbieter auf S. 97

Boot und Fähre

Auf Tagesausflügen kann man die ursprünglichen Nachbarinseln von Kos erkunden. Boote und kleine Passagierfähren fahren von Mai bis Oktober täglich auf die benachbarten Eilande Nísyros, Psérimos und Kálymnos. Bei der beliebten Drei-Insel-Tour ist der Sprung ins türkisblaue Nass und ein Barbecue an Bord inklusive.

■ Details auf S. 106/107